CATARATA

Deusto
Centro de Ética Aplicada
Etika Aplikatuko Zentroa

IRENE GANTXEGI MADINA

Licenciada en Filosofía y doctora en Relaciones Internacionales e Interculturales por la Universidad de Deusto, con la tesis *Hacia un reconocimiento de las víctimas de la violencia de intencionalidad política mediante la lectura de la narrativa literaria vasca*. Actualmente es profesora en la Universidad de Deusto, donde imparte docencia en el campus de Bilbao y es miembro del Centro de Ética Aplicada. Su trabajo se centra en la línea de investigación sobre conflictos y culturas de paz y estudia, desde una mirada ético-política, el reflejo de las víctimas en las diversas representaciones artísticas que tratan el tema de la violencia de motivación política en Euskadi.

GALO BILBAO ALBERDI

Licenciado en Filosofía y Teología y doctor en Teología por la Universidad de Deusto. Actualmente es profesor en esta universidad, donde imparte docencia en el campus de Bilbao y es miembro integrante de su Centro de Ética Aplicada. También es docente de la Escuela Universitaria de Magisterio Begoñako Andra Mari (BAM). Sus publicaciones tratan principalmente de ética social y política. Ha desarrollado una intensa actividad cívica y académica en el ámbito de la educación para la paz, especialmente desde la conflictividad vasca y sus víctimas, desarrollando y participando en iniciativas de presencia del testimonio de las víctimas en las aulas, encuentros entre víctimas de distinto signo y encuentros restaurativos entre víctimas y victimarios. Fue integrante de las organizaciones pacifistas Gesto por la Paz y Bakeaz. Otras áreas de su interés investigador son la ética profesional y tecnocientífica, y la ética de las organizaciones.

ÁNGELA BERMÚDEZ VÉLEZ

Investigadora principal del Centro de Ética Aplicada de la Universidad de Deusto. Dirige la línea de investigación sobre Conflictos y Culturas de Paz y la Comunidad de Aprendizaje sobre Memoria, Educación Histórica y Construcción de Paz en Euskadi. Su propia investigación indaga sobre cómo la educación histórica formal e informal promueve o impide una comprensión crítica de la violencia política y la construcción de paz. Se doctoró en Educación en la Universidad de Harvard en 2008, donde estudió la participación de los jóvenes en la discusión de controversias sociales y políticas. Antes, trabajó en Colombia, de donde es originaria, diseñando currículos y recursos didácticos, formando a maestros, enseñando a jóvenes e investigando en torno a la educación histórica, democrática y ética. Ha sido consultora del Ministerio de Educación Nacional de Colombia, la Secretaría de Educación de Bogotá, la Organización de los Estados Americanos (OEA), la Organización de Estados Iberoamericanos (OEI) y el Instituto para el Fomento de la Educación Superior (ICFES). Ha sido docente, entre otras, en la Universidad de Deusto (Bilbao), Northeastern University (Boston), Harvard University (Cambridge), Universidad Javeriana (Bogotá) y la Facultad Latinoamericana de Ciencias Sociales (FLACSO, Buenos Aires).

Research ID: Web of Knowledge: H-1290-2011/ orcid.org/0000-0002-5269-6420

Irene Gantxegi Madina, Galo Bilbao Alberdi
y Ángela Bermúdez Vélez

Reconocer la injusticia para repararla
La representación de las víctimas en la literatura vasca

Izaskun Sáez de la Fuente y Ángela Bermúdez
(editoras de la colección)

COLECCIÓN MEMORIA E HISTORIA DEL CONFLICTO
Y LA VIOLENCIA EN EUSKADI

ESTA COLECCIÓN SE PRODUCE CON EL APOYO DE UN CONVENIO ENTRE EL GOBIERNO VASCO Y LA UNIVERSIDAD DE DEUSTO PARA EL DESARROLLO DEL PLAN DE CONVIVENCIA, DERECHOS HUMANOS Y DIVERSIDAD (2021-2024).

DISEÑO DE CUBIERTA: MIKEL LAS HERAS

FUENCARRAL, 70
28004 MADRID
TEL. 91 532 20 77
WWW.CATARATA.ORG

RECONOCER LA INJUSTICIA PARA REPARARLA.
LA REPRESENTACIÓN DE LAS VÍCTIMAS EN LA LITERATURA VASCA

ISBN: 978-84-1067-078-5
DEPÓSITO LEGAL: M-15.924-2024
THEMA: 1DSE-ES-R/GTU/DSK

IMPRESO POR ARTES GRÁFICAS COYVE

ÍNDICE

SOBRE LA COLECCIÓN

Una década después del alto el fuego definitivo de Euskadi Ta Askatasuna (ETA), las personas jóvenes en Euskadi —la primera generación que no ha sufrido en carne propia la violencia— manifiestan tener pocos espacios seguros en los que preguntar, conversar y discutir sobre el tema.

La presente colección editorial busca promover en las nuevas generaciones una comprensión crítica de la historia de conflicto y violencia vivida en Euskadi en las últimas décadas. Está dirigida, principalmente, a las personas jóvenes, a los ciudadanos y ciudadanas de a pie que se interesan por estas cuestiones, pero también al profesorado en ejercicio o en formación y a las personas que, desde distintas organizaciones públicas y privadas, quieren fomentar el respeto de los derechos humanos y el cultivo de la paz y de la convivencia.

Este es un proyecto de la Comunidad de Aprendizaje sobre Memoria, Educación Histórica y Construcción de Paz en Euskadi, una iniciativa del Centro de Ética Aplicada de la Universidad de Deusto que, desde sus inicios en 2018, ofrece un espacio de diálogo y reflexión interdisciplinar e intergeneracional sobre el pasado violento de Euskadi. En su primera fase de trabajo (2019-2021), la Comunidad se dedicó a explorar, con jóvenes de distintos perfiles ideológicos, las preguntas y reflexiones que ellas y ellos se hacen acerca de la violencia de motivación política vivida. De manera recurrente manifestaron que les surgen preguntas que no tienen dónde plantear y que se hacen reflexiones que no pueden contrastar con otras personas. Sienten el peso de un "silencio heredado y autoimpuesto" en la familia, las cuadrillas, la escuela y la comunidad.

A la persistencia de este silencio ha contribuido la idea de que, para promover la paz y la convivencia, lo mejor es pasar página, olvidarse del pasado y mirar solo hacia el futuro. Pero no se puede construir el futuro de espaldas al pasado. Por ello, en su actual fase de trabajo, la Comunidad de Aprendizaje ha reunido a un grupo de historiadores expertos en la temática, filósofos y científicos sociales expertos en el análisis ético de la violencia y pedagogos expertos en educación histórica, para colaborar en la producción de esta colección.

Cada uno de los libros de la colección profundizará en una cuestión histórica o ética que hemos identificado como especialmente relevante para interrogar críticamente los relatos que las personas jóvenes tienen sobre la historia del conflicto vasco y de la violencia. Se trata de una estrategia pedagógica narrativa que, siguiendo la senda de Penélope, propone destejer con cuidado y volver a tejer con conciencia la memoria social de un pasado sangrante y doloroso. En ella, la visibilización y la exploración crítica de los mitos, los sesgos y las sobresimplificaciones que sirven para justificar la violencia marcan el punto de partida de una doble dinámica de *historización de la memoria* y de *memorialización de la historia*. Con ella se busca mejorar la comprensión que las personas tienen de la complejidad de los fenómenos históricos, encarnar el pasado en la experiencia de las víctimas y, así, activar el potencial de la historia para desnormalizar y deslegitimar la violencia.

INTRODUCCIÓN

La literatura, particularmente aquella que asume la perspectiva de las víctimas, tiene un enorme potencial para cultivar la deslegitimación social de la violencia de motivación política. La existencia de la obra, en sí misma, es un acto de reconocimiento y de reparación simbólica de las víctimas. Pero su mayor potencial radica en que puede ayudar a incorporar al imaginario colectivo de una comunidad sus experiencias que, por lo general, han sido excluidas, invisibilizadas o silenciadas. De este modo puede contribuir a enriquecer la identidad colectiva y a otorgar un lugar central a la oposición a la violencia y a la solidaridad con quienes han sido dañados injustamente por ella.

En otros libros de la colección nos hemos acercado a la perspectiva de las víctimas a través de sus testimonios directos; en este proponemos hacerlo a través de relatos literarios de ficción que pueden servir para conmovernos ante el mal y hacernos sensibles al sufrimiento del otro. Visibilizar sus experiencias y perspectivas es fundamental para que quienes no han padecido la violencia o la han padecido a manos de otros actores puedan comprender la injusticia del sufrimiento vivido. La literatura activa la imaginación narrativa y las emociones y sentimientos que despierta nos pueden conectar íntimamente con la experiencia humana del otro, pudiendo incluso llegar a resquebrajar los muros ideológicos desde los que es más fácil justificar la violencia y la victimación.

Los relatos literarios tienen, además, la gran virtud de situar los actos de victimación en un entramado de circunstancias, escenarios y relaciones. De este modo, hacen visibles las trayectorias vitales de las víctimas antes, durante y después de la victimación, pero también las de sus victimarios y las de muchas otras personas que se cruzan en sus caminos. Es decir, entreteje las respuestas y acciones de los vecinos del pueblo, los antiguos amigos, los compañeros de trabajo..., quienes en muchas ocasiones también son responsables de dolorosos procesos de revictimación a través del acoso, la exclusión, el aislamiento, la ofensa o la indiferencia que expulsa a las víctimas de su comunidad o de potenciar el reconocimiento, la empatía o la solidaridad hacia ellas. Ello nos permite poner el foco de la reflexión ética en la responsabilidad no solo del victimario, sino también de la ciudadanía común y corriente.

Muchos de los discursos sociales que justifican la violencia buscan hacernos creer que las víctimas son las responsables de su sufrimiento, que algo habrán hecho para merecerlo. Es decir, intentan justificar la violencia ocultando la inocencia y la pasividad de las víctimas. También buscan disociarnos de ellas y de sus experiencias para que podamos quedarnos tranquilas pensando "todos sufrimos", "que cada uno aguante lo suyo", "yo no hice nada" o "no es conmigo". Así, normalizan la violencia desactivando el sentido de responsabilidad de sus testigos. Ya hablamos en uno de los libros anteriores de los mecanismos discursivos mediante los que se produjo la invisibilización social de las víctimas (Bilbao y Sáez de la Fuente, 2023). Esta obra introduce el concepto de "patologías de reconocimiento" para referirse a los modos mediante los cuales las personas y las comunidades incurren en un mal reconocimiento de las víctimas. La trama literaria muestra cómo se manifiestan las patologías del reconocimiento a través de los comportamientos de los distintos personajes y sus relaciones, de lo que dicen, de lo que hacen y de las posturas que adoptan. Así nos ayudan a entender la psicología y perspectiva de quienes las cometen y lo fácil que resulta incurrir en ellas.

En definitiva, este libro trata sobre el potencial ético de la literatura. En un primer apartado analiza el valor ético de un reconocimiento adecuado de la perspectiva de la víctima. Para ello, se clarifica la categoría víctima y se justifican algunas razones para asumir su perspectiva. El segundo capítulo conceptualiza algunas de las principales patologías de reconocimiento. El tercero analiza el potencial humanizador de la literatura para conmovernos ante el mal, lo que lleva a profundizar en la relación entre ética y narración, y en cómo puede incidir una sobre otra. El cuarto realiza un balance crítico sobre los modos en los que la literatura vasca escrita en euskera y en castellano han representado a las víctimas de la violencia. Por último, en el quinto capítulo, se concretan los planteamientos conceptuales en el análisis de dos obras literarias de ficción escritas por autores vascos —*El pueblo no perdonará* (2023), de Irati Goikoetxea, y *Los peces de la amargura* (2006), de Fernando Aramburu—.

Para este libro elegimos primero el título en euskera, inspirado en el fragmento de un verso que Irati Goikoetxea recoge en su novela. El verso lo compuso hace unos años su hermano Ekaitz Goikoetxea, *bertsolari* y profesor de euskera, y la autora rescató las últimas líneas del mismo porque hacen referencia a la idea del dolor y la necesidad de reconocerlo para poder repararlo. El verso realiza un juego de palabras con el verbo *erreparatu* que significa, por un lado, prestar atención, darse cuenta, tomar conciencia y, por otro, también contiene el sentido de reparar, reconstruir, rehacer. Unido al sustantivo *mina* denota el carácter injusto del dolor causado. Pues cualquier otro dolor que no fuese injusto no sería reparado, sino acompañado o consolado. En la traducción que hemos hecho para el título en castellano hemos sustituido la idea de "dolor reparable" por "injusticia", que es la que se adecua mejor al sentido en euskera.

1. EL VALOR ÉTICO DEL RECONOCIMIENTO DE LAS VÍCTIMAS

El nobel de literatura húngaro Imre Kertész en su novela *Sin destino* narra las peripecias de un adolescente judío en los campos de concentración nazis. Es un texto que destila desapego, frialdad e incluso cinismo, por lo que ha sido fuertemente criticado. Casi al final de la novela, sin embargo, cuando el joven vuelve a la casa paterna y se encuentra con el rechazo de los vecinos que no quieren escuchar ni hablar acerca de lo ocurrido, se produce uno de los pocos momentos en que el tono de la narración cambia:

> Yo traté de explicarle [se refiere a un vecino] que no se trataba de culpas, que solo había que reconocer las cosas, simplemente, humildemente, razonablemente, por una cuestión de honor. Que no se podía, que trataran de comprender que no se podía quitarme todo eso, no podía ser que yo no fuera ni el ganador ni el perdedor, no podía ser que no tuviera razón en nada, que no me hubiera equivocado, no podía ser que nada tuviese razones ni consecuencias, simplemente que tratara de comprender, ya casi le estaba rogando, que no podía tragarme la píldora amarga de que yo hubiese sido solo, simple y puramente un inocente [...] Pero vi que no querían comprender de ninguna manera, así que cogí mi bolso y mi gorro, dije unas cuantas palabras confusas más, hice un gesto y me fui, simplemente me fui, sin terminar la frase que estaba pronunciando [...] (Kertész, 2001: 260-261).

Este párrafo recoge con precisión el sentimiento existencial de ausencia de reconocimiento hacia las víctimas por parte de una sociedad que consintió su injusto destino. ¿Qué hacer para que entre nosotros no ocurra así? ¿Qué significa "reconocer a las víctimas"? Intentemos desgranar algunos de sus aspectos éticos fundamentales.

Debemos comenzar precisando qué entendemos por víctima desde la perspectiva ética:

> [...] víctima es toda persona en cuyo sufrimiento ha intervenido injustamente otro ser humano, bien por acción o por omisión [...] Los rasgos que definen la condición de víctima son básicamente dos: inocencia y pasividad [...] La inocencia se refiere a que la víctima no merece el acto de victimación padecido, pues este ha supuesto una conculcación de sus derechos humanos fundamentales, una violación de su dignidad personal. Nadie, ni siquiera el victimario, merece padecer un acto de vulneración de sus derechos. Si la dignidad humana es inviolable y no depende ni siquiera de la actuación del sujeto, si no puede ser violentada en razón del crimen o la atrocidad cometidos, entonces se puede decir que toda víctima es inocente en cuanto víctima [...] La pasividad significa que no nos hacemos víctimas, sino que somos hechas víctimas a nuestro pesar. El victimario aplasta nuestra autonomía. En el asesinato la pasividad se hace total y definitiva [...] (Bilbao y Sáez de la Fuente, 2023: 15 y 16).

Entre nosotros existen víctimas olvidadas (especialmente durante el franquismo y la Transición), víctimas desconocidas y sin relevancia mediática y auténticas víctimas no reconocidas como tales, pues todavía a algunos les resulta problemático considerar víctimas a aquellas provocadas por los Grupos Antiterroristas de Liberación (GAL) o a los victimarios que fueron victimizados por determinados sectores de las Fuerzas de Seguridad del Estado. Todas ellas son víctimas que merecen reconocimiento y ello supone no hablar propiamente de la mirada o la perspectiva (en singular) de las víctimas, sino en plural, reconociendo que, aunque sus experiencias sean diversas, todas comparten la misma condición derivada de una victimación injusta.

RECONOCER A LAS VÍCTIMAS ES PONERLAS EN EL CENTRO Y ASUMIR SU PERSPECTIVA

La conceptualización anterior tiene sus raíces en la reflexión que se produjo tras el Holocausto judío. En nuestro contexto, filósofos como Reyes Mate y Etxeberria justifican la centralidad de la perspectiva de las víctimas en un acercamiento ético a cualquier situación de injusticia y de vulneración de derechos humanos, y lo hacen apelando a razones como las siguientes:

- En la cuestión de la injusticia, la mayor autoridad y la referencia central es la de las víctimas, porque encarnan la injusticia padecida y con ello nos desvelan irrefutablemente el mal moral.
- Las víctimas tienen un peculiar valor para la comprensión crítica de la violencia. Por un lado, sus experiencias desvelan una parte de la realidad que sin ellas sería desconocida e inaccesible para personas que no las han vivido; solo mediante sus testimonios podemos llegar a hacernos una idea del significado de lo ocurrido. Por otro, si la realidad de un país, como dolorosamente nosotras comprobamos, no es la misma con víctimas que sin ellas, su mirada específica forma parte de la realidad y ha de ser tenida en cuenta, convirtiéndose en condición para alcanzar la verdad. Asimismo, su mirada nos permite discernir entre todo lo que ha pasado y aquello que nunca debió ocurrir, deslegitimándolo y previniéndonos frente a posibles victimaciones futuras.
- Hemos dicho que a la víctima le caracteriza su inocencia y su pasividad. Sin embargo, quien sobrevive no necesariamente queda instalada o reducida a esa pasividad, sino que tiene la oportunidad de una reacción activa, convirtiéndose en superviviente, resistente frente a la violencia sufrida.

> Cuando asumimos la centralidad de las víctimas, reconocemos su autonomía moral, su capacidad para dar cuenta de su situación y su lucidez para buscar respuestas adecuadas a su situación. A nosotros nos corresponde ser receptivos y acogedores de sus demandas y reivindicaciones.

En definitiva, incorporar la "mirada de las víctimas" da lugar a una auténtica revolución ética, porque la realidad se ve de otro modo, radicalmente distinto, con los ojos de la víctima. Asumir la "mirada" de las víctimas como un nuevo punto de vista moral ofrece una alternativa a las éticas que demandan juzgar la realidad desde la posición de un espectador neutral e impasible que debe abstraerse de la realidad de la víctima. En consecuencia, proponemos un punto de vista moral que se acerca a la realidad desde una imparcialidad (no mera neutralidad) universal (abierta a todas las víctimas) y compasiva (no simplemente empática) ante las víctimas. Es decir, un acercamiento a la realidad desde una apuesta en favor de los valores y principios éticos, sin equidistancias ni ambigüedades, enfrentándonos a su vulneración venga de donde venga (aunque proceda de los nuestros) y afecte a quien afecte (aunque sean nuestros oponentes).

Es cierto que nunca en la historia de Occidente había habido una preocupación tan grande por las víctimas como en la actualidad. Viendo esto con preocupación, algunos autores (Girard, Bruckner) consideran que se da una problemática "ideología de la víctima" que tiene serias consecuencias. En concreto, Giglioli, quien afirma que la víctima es "el héroe de nuestro tiempo", cuestiona que:

> La prosopopeya de la víctima refuerza a los poderosos y debilita a los subalternos. Vacía la *agency*. Perpetúa el dolor. Cultiva el resentimiento. Corona lo imaginario. Alimenta identidades rígidas y a menudo ficticias. Hinca el pasado e hipoteca el futuro. Desalienta la transformación. Privatiza la historia (Giglioli, 2017: 109).

Frente a esta "crítica de la víctima", nuestra defensa de su centralidad muestra que el discurso ético desde las víctimas no refuerza a los poderosos (no, por lo menos, a los que ejercen la violencia y practican la injusticia) y sí, al contrario, a sus víctimas; que estas son reivindicadas para que precisamente tengan un papel activo y autónomo moralmente; y que la identidad rígida es un error de reconocimiento, porque la víctima goza de una capacidad crítica importante respecto de la realidad social que puede alentar su transformación desde nuevos criterios. Sin embargo, podemos tener en consideración estas advertencias que, lejos de descalificar de raíz todo discurso desde las víctimas, nos avisan de riesgos evidentes, pero que, como tales, son superables o evitables y es necesario empeñarse en ello. Asumir la perspectiva de las víctimas no puede llevarnos nunca a cometer el error fatal de suplantarlas y menos de considerarnos tales sin serlo o a manipular su sufrimiento desde supuestos principios morales.

RECONOCER A LAS VÍCTIMAS ES SENTIR CON ELLAS

Muchas víctimas manifiestan con pesar que la sociedad no ha sido suficientemente sensible a su dolor. Se quejan, por ejemplo, de algunos dirigentes políticos que les transmiten una imagen de personas con "corazones de hielo", pero también de que sus conciudadanos les traten como "seres de cristal": hielo (frío, pérdida de sensibilidad, dureza, ausencia de vida...) y cristal (invisibilidad, inexistencia, fragilidad...) no quieren decir otra cosa sino falta de sentimiento. Las víctimas del terrorismo consideran que esa insensibilidad es una importante carencia de respuesta por parte de la sociedad. Y una sociedad que no responde adecuadamente a las víctimas es una sociedad patológica, moralmente enferma.

¿Cuál es nuestra enfermedad, nuestra patología? Precisamente que nuestro sentir, nuestra sensibilidad hacia las víctimas, ha sido incorrecto, inadecuado. Mayoritariamente somos "idiotas morales" (Bilbeny, 1993), aislados en la privacidad de nuestras propias emociones, ajenos a los sentimientos de los radicalmente otros que son las víctimas e insensibles a las consecuencias e implicaciones de nuestros comportamientos sobre ellos. En la cuestión de las víctimas es momento de reivindicar desde la ética que, junto a la creencia y al comportamiento correctos, requerimos de un sentimiento que también sea correcto. Ya la tradición ética clásica subrayaba que la buena educación radica en "podernos alegrar y dolernos como es debido" (Aristóteles, 1985: 1104b 10). Tenemos, por tanto, ante nosotros una ingente tarea, nuestra "educación sentimental", como ciudadanos, para que seamos capaces de (com)padecer a y con las víctimas, de sentir con y como ellas, de asumir su perspectiva.

Por desgracia, no hemos prestado especial atención a esta cuestión. El sufrimiento de las víctimas y la vergüenza y responsabilidad que sintamos ante él son elementos movilizadores y transformadores de nuestros propios sentimientos morales, al tiempo que dotan de un significado extraordinario a las acciones de reconocimiento a las víctimas. Se trata no solo de evitar sentimientos de alegría y satisfacción ante el sufrimiento de las víctimas —algo que desgraciadamente ha ocurrido con demasiada frecuencia entre nosotras—, sino de, en positivo, sentir sincera e intensamente dolor por y con ellas, superando también la generalizada insensibilidad, apatía, indiferencia y frialdad ante las mismas.

RECONOCER A LAS VÍCTIMAS ES RESARCIRLAS DE SUS DERECHOS PENDIENTES: VERDAD, JUSTICIA Y REPARACIÓN

Aunque no se ha llegado a explicitar como auténtico derecho en la legislación internacional de los derechos humanos, se ha avanzado mucho en el terreno de la concepción de la reparación como derecho de las víctimas, junto a los de verdad y justicia, que, si bien son independientes entre sí, se entienden cada vez más como interrelacionados y necesarios para la superación de situaciones de vulneración sistemática de derechos fundamentales.

El derecho a la *verdad* remite, por una parte, al conocimiento adecuado y certero de lo realmente ocurrido (violaciones de derechos humanos producidas, agentes activos y pasivos de las mismas, responsables, circunstancias, etc.), y por otra, al correspondiente reconocimiento público y oficial a las víctimas en su condición de tales. Pero lo que se obtiene con ello son datos aparentemente desnudos de valoraciones. Para reconocer a las víctimas hay que completar esta verdad fáctica con la verdad moral que muestra los efectos devastadores de los hechos violentos en la dignidad de las personas (Etxeberria, 2014). Por tanto, el reconocimiento ético de la víctima supone reconocerle una dignidad que le fue vulnerada. De este modo, el derecho a la verdad enlaza con un deber de memoria por parte del Estado y de la sociedad, y un correlativo derecho de las víctimas a ella.

El derecho a la *justicia*, ampliamente reconocido en el terreno jurídico internacional, significa que los Estados tienen el deber de disponer de un entramado judicial que posibilite la denuncia, la investigación, el enjuiciamiento y la penalización de las acciones vulneradoras de derechos humanos, evitando en lo posible su impunidad.

El derecho a la *reparación* supone un proceso integral de actuaciones tendentes a que las víctimas sean atendidas y resarcidas de los daños causados por la vulneración de derechos sufrida. Este es un ejercicio de una justicia reparadora que reintegra a las víctimas a una sociedad de la que no deberían haber sido apartadas por el injusto acto de victimación. Los modos como puede realizarse esta reparación son diversos: la *restitución*, cuando sea posible, a la situación anterior a la vulneración (devolución de bienes, regreso a la residencia habitual, recuperación de la libertad...); la *indemnización* económica proporcional a los perjuicios sufridos; la *rehabilitación* (a través de ayudas médicas, psicológicas, jurídicas y sociales) en aquellos casos en los que se han producido secuelas; la *satisfacción* mediante medidas de carácter simbólico que reconozcan públicamente a las víctimas y su memoria, y por último, las *garantías de no repetición*, para impedir que violaciones como las sufridas puedan volver a producirse en el futuro. Como veremos más adelante, la contribución de la literatura se centra especialmente en estos dos últimos modos de reparación.

RECONOCER A LAS VÍCTIMAS ES ACEPTARLAS COMO SUJETOS Y REFERENTES POLÍTICOS

Hay quienes, aunque consideran necesario un reconocimiento moral, social y material, niegan a las víctimas legitimidad para asumir ningún papel y protagonismo en el proceso de paz y en la vida política de nuestro país. En cambio, desde la perspectiva ética, consideramos que el reconocimiento de las victimas implica su *protagonismo político*, en beneficio no solo de ellas mismas, sino de la sociedad en su conjunto. No basta con ponerse (sentimentalmente) en el lugar del otro, hace falta (políticamente) hacerle un lugar al otro. Resultaría del todo incoherente que quienes han dado un significado político al terrorismo, como expresión —eso sí, inaceptable— de un conflicto político, negaran tal significado a las víctimas de la actuación terrorista.

Las víctimas son sujetos políticos que tienen derecho a intervenir —organizándose libremente y sin tutelas— en el debate público. El hecho de que durante cuatro décadas ETA haya asesinado a más de ochocientas personas en nombre de una patria vasca independiente configurará y lastrará necesariamente el futuro político de Euskadi. En él, y por razones obvias, deben tener un lugar las víctimas, si bien sus propuestas políticas no tienen más valor que el de las razones que las justifican. Es decir, las víctimas tienen razones que deben ser escuchadas, pero ello no significa que tengan la razón. Eso sí, las propuestas que procedan de quienes no somos víctimas adquieren mayor valor y legitimidad éticas en la medida en que sean más solidarias con ellas.

2. LAS PATOLOGÍAS DEL RECONOCIMIENTO DE LAS VÍCTIMAS

En las páginas anteriores hemos insistido en la importancia y la necesidad de reconocer a las víctimas, pero no cualquier reconocimiento es válido. Desde una perspectiva ética, hay formas de reconocimiento que son inadecuadas porque no cumplen con los criterios esbozados. Es decir, no basta con llamar a una persona víctima, hay que hacerlo de una manera que permita reconocer que su victimación fue injusta, que no la merecía, que generó un sufrimiento indebido y que la repare simbólica y materialmente. Mientras, un mal reconocimiento provoca en muchas víctimas una "segunda victimación". Podemos hablar de tres "patologías" (Gantxegi, 2017) que sintetizan las formas más habituales en las que se manifiesta este mal reconocimiento:

a) *Reconocimiento desconsiderado*. Es la ocultación o no aceptación de la inocencia y de la pasividad de las víctimas. Esto se puede realizar de diferentes maneras:

- Exclusión: al considerarlas culpables y merecedoras de la injusticia sufrida, se las excluye de la condición de víctima. Estas víctimas no son identificadas como tales por pertenecer a un colectivo con el que no se tiene afinidad ideológica o política. Su exclusión se visibiliza cuando hay personas que afirman "algo habrá hecho", "le iba en el sueldo", "eso le pasa por significarse".

- Cuantificación: al convertirlas en simples números, lo que despersonaliza a las víctimas y oculta las particularidades de sus experiencias. Esto sucede, por ejemplo, cuando ante un atentado atroz, simplemente se indica la cifra de personas asesinadas o heridas.
- Selección: al centrarse solo en las víctimas que nos son más cercanas, dejando caer en el olvido a las que son más lejanas a la realidad propia. Esto puede ocurrir porque existen tantas víctimas que ni la memoria ni el corazón son capaces de recordar y acoger compasivamente a todas ellas, con lo que se tiende a reconocer a aquellas que son identificadas como las más cercanas, dejando caer en el olvido a las que se sienten más lejanas a la propia realidad.
- Deshumanización: al deshumanizarlas, borrando sus rasgos humanos y representándolas como animales ("bestias sanguinarias", "perros", "ratas"...), cosas ("obstáculos") o meros instrumentos para conseguir un determinado fin ("daños colaterales", "medios necesarios").

b) *Reconocimiento erróneo*. Los rasgos de inocencia y pasividad que caracterizan a las víctimas son tenidos en cuenta, pero se asignan a quienes no les corresponde. Esto sucede también de distintas maneras:

- Cuando se convierte al victimario en víctima, atribuyéndole a aquel los rasgos de inocencia y pasividad para justificar su actuación o restarle responsabilidad. Por ejemplo, cuando se defiende que su violencia es simplemente una violencia de respuesta a la supuesta violencia estructural del Estado o que no había alternativa.
- Cuando se adjudica la condición de víctima a un sujeto no personal. Por ejemplo, cuando se habla de un colectivo que ha sido supuestamente victimizado (el pueblo, la patria,

toda la sociedad, etc.), diluyendo en él la experiencia de las personas concretas que son las que sufren injustamente.

- Cuando se considera a una persona víctima porque ha sufrido, sin tener en cuenta si dicho sufrimiento es justo o injusto, es decir, si ella ha sido inocente y pasiva frente a las circunstancias que le generan el sufrimiento. Esto sucede, por ejemplo, cuando se considera de forma generalizada a todos los presos de ETA como víctimas, sin discriminar entre quienes han experimentado torturas —entonces, además de victimario, se convierte en víctima— de aquellos que no las han padecido.
- Cuando se hace uso del victimismo, es decir, una persona se adscribe la condición de víctima sin serlo, con intenciones éticamente reprobables como obtener ventajas ilegítimas.

c) *Reconocimiento reductor*. Se reconoce a la víctima como una persona cuya dignidad ha sido vulnerada injustamente. Pero la totalidad de su identidad se limita a lo que le ocurrió en el pasado, cuando fue hecha frágil y vulnerable, sin reconocer cómo muchas víctimas sobreviven a estos hechos, recuperan su autonomía y su capacidad de agencia, asumen en el presente el protagonismo en la vida social y política y, al pensar en el futuro, se reimaginan a sí mismas. El reconocimiento reductor es inadecuado porque fija a la víctima en su condición de tal y le niega la posibilidad de salir de su situación y de ser vista como un ser humano con una identidad rica y compleja. Esto sucede, por ejemplo, cuando se adoptan posiciones paternalistas frente a las víctimas o se las inhabilita para su participación política al considerarlas traumatizadas por su experiencia de victimación. Combatiendo radicalmente el planteamiento reduccionista, Etxeberria (2012: 226) insiste en que un reconocimiento adecuado es

> [...] una síntesis entre la buena memoria de lo sucedido, que hace frente al olvido, pero también a la fijación en el pasado que petrifica

la identidad, y la buena promesa que sustentándose en la justicia y creatividad hacia el futuro reconstruye con novedad esa identidad.

La memoria —y especialmente la de las víctimas— no es exclusivamente cosa del pasado, sino que implica al tiempo en su triple dimensión. Ciertamente, esta memoria se despliega y relaciona con el pasado, pero también con el presente y el futuro: desde ella se puede recordar el pasado de manera consciente y veraz, se puede criticar el presente desde la justicia demandada y se posibilita construir esperanzadamente un futuro más libre y solidario. En nuestras manos está que llevemos esta tarea a buen puerto mediante un reconocimiento social adecuado de las víctimas.

TABLA 1

PATOLOGÍAS DE RECONOCIMIENTO DE LAS VÍCTIMAS DE LA VIOLENCIA DE MOTIVACIÓN POLÍTICA EN EUSKADI

PATOLOGÍAS DE RECONOCIMIENTO		
	Desconsiderado Ocultación/no aceptación de los rasgos que caracterizan a la víctima, (inocencia y pasividad).	Exclusión: considerarla culpable y merecedora de la injusticia sufrida ("algo habrá hecho", "le va en el sueldo").
		Cuantificación: se reduce a la víctima a una cifra, invisibilizando su experiencia.
		Selección: se presta atención a unas (las que se sienten más cercanas) más que a otras.
		Deshumanización: · Animalizarlas ("bestia sanguinaria", "perro"). · Usarlas como medios. · Considerarlas como "daños colaterales".
	Erróneo Los rasgos que caracterizan a la víctima se adscriben a quien no lo es.	Intercambio de categorías entre víctima y victimario: la primera es considerada culpable y la segunda inocente.
		Generalización indebida: se adscribe la condición de víctima a un colectivo (patria, pueblo, etc.) supuestamente victimizado, diluyendo en él la condición de víctima de personas concretas.
		Sufrimiento sin caracterización: se considera víctima a cualquier persona que sufre sin considerar si tal sufrimiento es injusto o justo, intencionado o fruto del azar.
		Victimismo: cuando alguien se adscribe la condición de víctima sin serlo con objetivo de engañar u obtener un beneficio.
	Reductor La identidad de la víctima se reduce solo a la vulnerabilidad y a su condición de damnificada de una injusticia.	Al sujeto que es víctima se le limita a esa condición, despojándole de autonomía, de resiliencia y de capacidad de agencia.

Fuente: Gantxegi (2017).

ACTIVIDAD 1

Piensa en una víctima que hayas conocido o de la que hayas oído hablar. Si no se te ocurre ninguna, pregunta a algún familiar o persona cercana. Y si no tienes referencia alguna, busca en los retratos municipales sobre víctimas de la violencia (https://lc.cx/9uWQ_i).

- ¿Qué sabes acerca de esa víctima? ¿Cómo ocurrió su victimación?
- ¿Recuerdas qué se decía sobre ella o qué decías tú misma? ¿Cómo se le trató a ella o a sus familiares antes y después de sufrir los hechos victimizantes? Para fundamentar tu posición puedes buscar referencias del caso en los medios de comunicación.
- ¿En qué medida algunos de esos recuerdos encajan o no con la concepción ética de la víctima y su reconocimiento?
- ¿Detectas en algunos de los comentarios o en el trato que se le daba a la víctima algunas de las patologías de reconocimiento o, por el contrario, un esfuerzo de reconocimiento que confrontara las patologías comúnmente aceptadas?

3. LA NARRATIVA LITERARIA COMO EXPERIENCIA HUMANIZADORA Y DE RECONOCIMIENTO DE LAS VÍCTIMAS

> "[...] los libros nos conceden el privilegio mágico de seguir escuchando voces que hace mucho tiempo se apagaron y de visitar lugares a los que no iremos nunca y de hablar íntimamente con hombres y mujeres cuyos rostros y vidas desconocemos. Ellos, los libros, nos agrandan la vida".
>
> L. García Montero y A. Muñoz Molina, *¿Por qué nos es útil la literatura?*

En este capítulo explicaremos la función humanizadora de la narrativa literaria en el reconocimiento de las víctimas injustamente tratadas. La lectura de textos literarios no garantiza el desarrollo de virtudes éticas, pero sí puede ayudar a hacer frente a lo inhumano, a la barbarie, al inventar nuevos sentidos atentos a la mirada del otro en un mundo indiferente al sufrimiento de este.

Con frecuencia, las representaciones literarias muestran los lugares comunes, los marcos morales y los universos de sentido de cada época y de distintas culturas (Martínez Contreras, 2002; Camps, 2011). Ante ello, la obra literaria puede convocar al lector o lectora a dejar la realidad tal y como le ha sido descrita o a reflexionar críticamente sobre ella como herramienta para pensar en un mundo mejor y más habitable.

Las narrativas presentan una gran diversidad de maneras de observar y concebir el mundo y los conflictos y de responder a ellos, dando valor a las experiencias de diferentes personas. Ante estos múltiples sentidos de la vida, el lector o lectora puede explorar alternativas distintas a lo que sucedió y contemplar otras propuestas con las que construir el futuro (Martínez Contreras, 2002). Esta ampliación de horizontes ocurre tanto cuando el texto literario trata sobre realidades que conocemos, pero nos acerca a ellas desde otras perspectivas, como cuando la obra se refiere a hechos que quien lo lee no ha tenido la oportunidad de vivir personalmente; en este último caso, la única manera de acceder a esta realidad es la experiencia del relato.

De este modo, la literatura puede contribuir al continuo proceso de búsqueda y reconstrucción de nuestras identidades. Como señala Bruner (1996), las personas conocemos el mundo y nuestro lugar en él mediante las narraciones que nos hacen otros. Así construimos nuestra identidad, a través de la apropiación de esas narraciones y de las que hacemos sobre nosotras mismas. En palabras de Ricoeur: "La historia de una vida es refigurada constantemente por todas las historias verídicas o de ficción que un sujeto cuenta sobre sí mismo. Esta refiguración hace de la propia vida un tejido de historias narradas" (2009: 998).

Por otra parte, si la identidad narrativa se construye en el tiempo, y en relación con otros, puede favorecer la ruptura de las barreras que nos separan de ellos, potenciando nuestra capacidad de empatía y de reconocimiento. Nussbaum describe este como el resultado de un proceso de imaginación narrativa que permite entender el mundo desde el punto de vista del otro, desde sus intenciones, desde su contexto y situación particular. Lo que supone dejar entre paréntesis, al menos por un momento, nuestras circunstancias específicas, nuestros prejuicios, nuestra ideología concreta para intentar comprender las realidades ajenas. La imaginación narrativa:

> Significa la capacidad de pensar cómo sería estar en el lugar de la otra persona, ser un lector inteligente de la historia de esa persona, y comprender las emociones, deseos y anhelos que alguien así pudiera experimentar. La imaginación narrativa no carece de sentido crítico, pues siempre vamos al encuentro del otro con nuestro propio ser y nuestros juicios a cuestas; y cuando nos identificamos con un personaje de una novela o con una persona distante cuya vida imaginamos, inevitablemente no nos limitaremos a identificarnos, también juzgaremos esa historia a la luz de nuestras propias metas y aspiraciones. Pero este primer paso de entender el mundo desde el punto de vista del otro es esencial para cualquier juicio responsable,

> puesto que no sabremos lo que estamos juzgando hasta no ver el significado de una acción según la intención de la persona que la realiza, [...] mientras no conozcamos la importancia de lo que expresa en el contexto de la historia y el mundo social de esa persona (Nussbaum, 2012: 30).

En una línea similar, Ricoeur señala que la lectura de las narrativas literarias se convierte en una lucha entre dos estrategias: la de la seducción que realiza el autor bajo la forma de narrador y la de la sospecha dirigida por el lector o lectora vigilante. Este va construyendo o remodelando así su carácter, identificándose con o distanciándose de las ideas y los valores que las narrativas ponen de manifiesto.

Estas cualidades que hemos descrito tienen una particular relevancia cuando nos referimos a narrativas que tratan sobre hechos violentos y sus víctimas al relatar con gran fuerza expresiva y capacidad de impacto lo que le ocurre a una persona cuando sufre un acto de victimación. Con frecuencia, estas narrativas ofrecen una provocación crítica y una lección moral muy importante porque no solo dan a conocer la existencia de la violencia y sus consecuencias, sino que también enseñan a combatirla, ofrecen nuevas formas de ver el mundo y ello permite imaginar que las cosas hubieran podido ser de otra manera y, por lo tanto, pueden serlo.

Hay que diferenciar dos tipos de relatos, los construidos autobiográficamente por las propias víctimas y aquellos realizados por autores o autoras que no han sido víctimas. De un modo u otro, en ambos casos, las narrativas que giran en torno a su perspectiva les devuelven el protagonismo, ayudándoles a reconstruir su identidad.

Mèlich (2010, 2011) atribuye tres rasgos a este tipo de literatura centrada en las víctimas sin los cuales sería imposible un acercamiento ético a sus experiencias: la *singularidad*, la *alteridad* y la *ambigüedad*. La literatura aporta a la ética la característica de la *singularidad* porque describe personajes concretos con nombre y apellidos, haciéndoles seres de carne y hueso con los que nos podemos relacionar. La literatura muestra la *alteridad* en cuanto que tiende a representar y a reconocer a las víctimas ausentes y que no han sido tenidas en cuenta en los discursos sociales, políticos y morales dominantes. Por otro lado, el texto literario es ambiguo, es decir, puede ser interpretado de muy diversos modos. Esta *ambigüedad* revela que, aunque los hechos acaecidos son irreversibles, el sentido de lo que pasó no está fijado de una vez por todas. Los diversos personajes que aparecen en las novelas tienen vivencias y verdades diferentes. Por ello, la lectura permite hacer interpretaciones diferentes e incluso opuestas. Esto nos permite entender la complejidad de los conflictos, pero, desde la perspectiva ética, las distintas interpretaciones deben releerse críticamente desde los principios de reconocimiento, justicia y cuidado debidos a las víctimas.

Cuando nos enfrentamos a un texto literario, lo interpretamos. Para hacerlo, se deben cumplir dos condiciones: la primera es que tengamos cierta familiaridad con él, esto es, que el texto no nos sea del todo extraño e ininteligible. El proceso de interpretación está condicionado por las tradiciones a las que una pertenece porque funcionan como marco de comprensión. Sin ellas sería imposible interpretar nada. No obstante, las tradiciones también pueden imponer límites y vicios a la interpretación y por ello deben ser interrogadas crítica y reflexivamente. La segunda condición para la interpretación es que el texto nos aporte alguna novedad y nos provoque cierto grado de extrañeza, de modo que nos estimule a ir más allá de lo que ya comprendíamos. Los textos de victimación ficcionales pueden resultar novedosos, ya sea por la forma en que se relata o por su capacidad para romper prejuicios o para incomodar al lector o lectora con historias que lo conmueven. En suma, deben ser capaces de despertar curiosidad, dudas e, incluso, desasosiego, elementos necesarios para estimular en el lector un juicio crítico. En palabras de Camps:

> La filosofía, la literatura, el arte, la música, tienen la virtualidad de dejarnos perplejos, de sembrar el desconcierto allí donde todo parecía claro, de estimular la curiosidad hacia lo desconocido, de dar valor a las expresiones ajenas. En una palabra, de introducir complejidad en una existencia que, porque es humana, no puede ser simple (2016: 16).

Sin embargo, debemos abordar reflexivamente la extrañeza que sentimos espontáneamente ante algunos textos, porque en ciertas situaciones puede deberse a los prejuicios que tenemos y que funcionan como obstáculos para la comprensión. Por ejemplo, si el lector o lectora se identifica totalmente con el victimario de la trama, le será difícil comprender el sentido de la experiencia de la víctima. Pero si la identificación no es total, es posible que surjan dudas o preguntas sobre la victimación que permitan avanzar hacia una comprensión ética y crítica de la misma (Bilbao y Etxeberria, 2005).

ACTIVIDAD 2

Identifica una o dos novelas sobre conflictos violentos en cualquier contexto que hayas leído recientemente o que te hayan gustado particularmente:

- ¿Qué te atrajo de ellas? ¿Recuerdas qué aspectos de las mismas te resultaban familiares y facilitaron tu interpretación y qué otros te resultaban novedosos o extraños y llamaban tu atención?
- ¿Recuerdas si la lectura de esa(s) novela(s) te ha llevado a modificar algunas de tus ideas o juicios sobre un determinado tema?
- ¿Podrías identificar si en esa(s) novela(s) se manifestaban los rasgos que Mèlich le atribuye a este tipo de literatura: singularidad, alteridad y ambigüedad?

4. EL REFLEJO DISPAR Y POLÉMICO DE LAS VÍCTIMAS Y DE LA VIOLENCIA EN LA NARRATIVA LITERARIA VASCA

La producción de representaciones literarias en torno a la violencia de intencionalidad política y sus víctimas en Euskadi ha aumentado considerablemente en los últimos quince años, haciendo uso de una diversidad de formatos como novelas, cómics, cuentos y obras de teatro. Es probable que este aumento de la producción esté relacionado con el cese de acciones violentas por parte de ETA en 2011 y su autodisolución en 2018. Anteriormente ya existían más de un centenar de novelas que giraban en torno a "La Cosa", eufemismo utilizado por Iban Zaldua (2012) para referirse al llamado "conflicto vasco". Esta producción no ha estado exenta de polémica ya sea por el idioma en que la obra había sido escrita y el universo simbólico que representaba, por las tesis que quisieron defender sus autores y autoras a través de las mismas o por las presiones a las que fueron sometidos tras salir sus creaciones a la luz pública.

Por un lado, las novelas escritas en euskera tienden a dar el protagonismo al etarra y en mucha menor medida se centran en la voz de las víctimas de ETA (Olaziregi, 2017). Cerca del centenar de novelas escritas en euskera que han trabajado el tema han tenido como objetivo indagar por qué alguien elige el terror, cuál es la mente del terrorista. Por este motivo, el crítico literario Lasagabaster (1990) consideraba que la literatura vasca vivía de espaldas a la convulsa realidad porque no reflejaba el drama del terrorismo de ETA y las víctimas que generaba. Lo contrario ocurre con la narrativa escrita en castellano. Esta casi siempre se centra en las víctimas de la violencia de ETA y apenas visibiliza o reconoce a las demás víctimas, las generadas por la lucha antiterrorista (en los casos en que esta, por abusos policiales, es violencia ilegítima, vulneradora de derechos humanos) y las de los grupos terroristas en su lucha contra ETA.

Frente a esta tendencia general, hay algunas excepciones destacables en ambos idiomas. La novela de Hernández Abaitua *Etorriko haiz nirekin?* (*¿Vendrás conmigo?*) (1991, traducción de 2010) fue una de las primeras en euskera que criticó rotundamente el terrorismo de ETA, así como el terrorismo anti-ETA. La novela *Zorion perfektua* (*La felicidad perfecta*) de Lertxundi (2002, traducción de 2006) dejó de poner el foco exclusivamente en los miembros de ETA para introducir a los circunstantes, otros personajes no directamente relacionados con el conflicto violento, pero que, sin embargo, estaban presentes y de alguna manera implicados en él. Cabe destacar su acierto al narrar la conmoción que sufre un adolescente tras haber sido testigo de un atentado de ETA. El libro de relatos *Bizia lo* (*Letargo*) de Muñoz (2003, traducción de 2005) es otro ejemplo de obras que adopta la perspectiva de las víctimas. El reconocimiento de la centralidad de las víctimas continúa con *Herriak ez du barkatuko* de Goikoetxea (2021), recientemente traducida al castellano bajo el título *El pueblo no perdonará* (2023) y que analizaremos más adelante. Entre las obras literarias publicadas en castellano también hay excepciones en las que se da cabida a víctimas que no son provocadas por ETA como la de Verónica Portell (2006), *Y sin embargo, te entiendo*, o *Patria* de Fernando Aramburu (2016), la cual, pese a que el autor reconoce haber escrito una novela a favor de las víctimas de ETA, da cabida y espacio a los abusos policiales y a las torturas.

5. EL REFLEJO DE LAS PATOLOGÍAS DE RECONOCIMIENTO DE LAS VÍCTIMAS EN DOS OBRAS LITERARIAS

En este capítulo aplicamos los planteamientos conceptuales que hemos hecho anteriormente en el análisis de dos obras literarias. Trataremos de mostrar cómo estas narrativas reflejan las distintas patologías del reconocimiento en las creencias de los diferentes personajes y en las interacciones que se dan entre ellos. De este modo, buscamos desmontarlas para contribuir a un auténtico reconocimiento de las víctimas.

Hemos seleccionado dos obras literarias de ficción escritas por autores vascos —*El pueblo no perdonará* (2023) de Irati Goikoetxea y *Los peces de la amargura* (2006) de Fernando Aramburu—. Las dos otorgan un lugar central a la perspectiva de las víctimas de la violencia de intencionalidad política y recogen un buen número de las patologías de reconocimiento sufridas por ellas. Hemos querido trabajar con obras escritas en castellano o que tengan traducción a este idioma para facilitar el acceso a personas que no son *euskaldunes*. Además, hemos elegido obras no muy extensas: la primera, de Goikoetxea, es una novela con una longitud inferior a las 200 páginas; la otra, de Aramburu, es una colección de relatos breves que se pueden leer por separado.

Para cada una de las obras realizaremos una breve contextualización del autor y un resumen de su contenido. Posteriormente, seleccionaremos algunas escenas especialmente significativas por el modo en que los actores que participan en ellas muestran con sus ideas e interacciones distintas patologías de reconocimiento de las víctimas, y cómo, haciendo uso de las mismas, estos personajes generan un daño que revictimiza a quienes han experimentado en sus propias carnes la sinrazón de la violencia.

EL PUEBLO NO PERDONARÁ, DE IRATI GOIKOETXEA

El pueblo no perdonará (2023) es una novela originalmente publicada en euskera bajo el título *Herriak ez du barkatuko* (2021). Esta obra explora, con mucha sensibilidad y haciendo uso de un lenguaje poético, el complejo y doloroso tema de la violencia terrorista, poniendo a la víctima en el centro del relato. Goikoetxea tenía claro que en su primera novela quería visibilizar el dolor que padecen las personas a quienes se les han vulnerado sus derechos humanos. En una entrevista afirmaba que "las víctimas nos hablan de una soledad absoluta, lo que hace que el dolor sea todavía más profundo. Es desgarrador escucharlas. Hay una asignatura pendiente hacia ellas" (Barcenilla, 2023).

En la versión en euskera, la autora abre la novela con unos versos de Ekaitz Goikoetxea que rescatamos aquí porque nos hacen ver que únicamente visibilizando y reconociendo el dolor tendremos la posibilidad de repararlo y de construir una convivencia pacífica:

Solo reconociendo el dolor
se repara el dolor
tengamos siempre presente
lo que significa la convivencia
con-vivir unos con otros
y no simplemente coexistir[1].

La protagonista de la novela se llama Oihana. ETA asesinó a su padre veintidós años atrás, cuando ella tenía diecinueve, en un

1. La traducción es propia.

momento en el que se está forjando la identidad adulta de una persona. "Aún no sé qué soy desde que mataron a mi padre" (p. 45), afirma la protagonista. La herida de Oihana sigue abierta, pero ha vivido su dolor en soledad durante todos estos años y no habla de ello con nadie. Aunque trata de enterrar ese sufrimiento, las preguntas espontáneas que sus dos hijos, Lukas de catorce años y Katti de cinco, hacen sobre su abuelo le remueven. Sabe que hablar de ello les haría bien a todos, pero no se siente capaz. Un día recibe la inesperada llamada de Santi, un antropólogo que investiga y recoge testimonios de diferentes víctimas. Este le propone reunirse con él para hacerle unas preguntas acerca de su padre. Entonces, la protagonista se verá obligada a liberar un dolor que le ha mantenido secuestrada durante más de dos décadas.

La novela se desarrolla en tres partes. En la primera, se muestra el nudo de la historia, el acontecimiento que marcará la vida de Oihana para siempre, el asesinato de su padre a manos de ETA. En las otras dos partes, la protagonista tratará de abordar y liberar el dolor y, con ello, surgirán temas como la soledad, el abandono, la indiferencia, el miedo, el olvido, la memoria y la convivencia.

En este ejercicio vamos a analizar tres escenas en las que el reconocimiento que reciben las víctimas es patológico, esto es, se da un mal reconocimiento de las mismas por diversas razones que enseguida veremos. Las tres escenas se han extraído de la segunda parte de la novela y las presentamos de manera cronológica y no en el momento en el que aparecen escritas en la narración: la primera describe una escena anterior al asesinato del padre de la protagonista; la segunda narra la vuelta a casa una vez Oihana conoce el trágico suceso del asesinato de su padre; la última también transcurre después del asesinato y relata un acontecimiento que alterará la vida que Oihana cree tener bajo control.

El propio título de la novela (*El pueblo no perdonará*), que la autora tuvo en mente desde el comienzo del proceso de escritura, merece ser interpretado en clave de patología. Refleja un *reconocimiento erróneo* porque que se adscribe la condición de víctima a un colectivo: en este caso, el pueblo, supuestamente victimizado, diluyendo en él la condición de víctima de personas concretas.

Como dice la autora en una entrevista: "El pueblo es toda aquella persona que quiera ser el pueblo. [...] El problema surge cuando parte de la sociedad toma el pueblo en su propiedad para excluir a quien piensa, siente, se emociona... de forma diferente" (Barcenilla, 2023). Es decir, mediante una generalización indebida se atribuye al pueblo la condición de víctima y se tiende a transformar a la víctima (esa que piensa, siente, se emociona de forma diferente...) en victimario. La idea de que el pueblo no perdonará ni olvidará justifica la violencia del pasado y se opone a la construcción pacífica de la convivencia en el presente. Jugando con las ideas preconcebidas y prejuicios comunes en nuestra sociedad, el lector puede sorprenderse al darse cuenta de que la novela se centra sobre todo en las víctimas de ETA. No obstante, Goikoetxea también aborda otros sufrimientos injustos como los de los hijos e hijas de las víctimas de los GAL. En palabras de la autora:

> Un pueblo no puede crecer humanamente, ni en cualquier otro sentido, si no responde unánimemente ante cualquier vulneración de derechos humanos y no se posiciona al lado de cada una de las víctimas. Es algo que no llego a entender. Creo que esa es nuestra tarea pendiente. Estoy convencida de que todos los lectores y lectoras pueden llegar a empatizar con todos los personajes de la novela: con Oihana (ETA mató a su padre), con Jurgi (los GAL mataron a su padre), con Edurne (fue brutalmente torturada), con la doctora Soroa... Es un ejercicio muy interesante trasladar la ficción a la realidad (Barcenilla, 2023).

Primera escena

Solo era una sospecha. Sospecha nunca probada. Piezas del puzle de la verdad. Vivía en el mismo portal, y de un día para otro desapareció. Era bueno en los estudios. También en el deporte. Y en las relaciones. Incluso ligando era bueno. Y, además, guapo. Eso decían las amigas de Oihana: "Y, además...". A Oihana así le parecía, que era guapo.

Un día lo pilló. Oihana nunca se lo ha contado a nadie. Estaba escribiendo en su mesa del instituto. Txisto en la mesa de Oihana. No había nadie más en la clase. Oihana siguió adelante. Txisto no la vio. ¿Y si hubiera entrado? ¿Y si le hubiera mirado a los ojos y penetrado hasta las entrañas? Pero no lo hizo. Y luego leyó lo que tenía que leer, cuando se sentó a hacer el examen de Historia: "Tu padre es un cabrón. Un traidor. El pueblo no se lo perdonará". Sobre la mesa. Con letras gruesas. En rojo. Todo bien escrito. Correctamente. Con soberbia. Sangre. Serio, sin signos de admiración. Escrito con convencimiento. Y con capacidad de convencer. Txisto estaba en el último curso del instituto, a Oihana le quedaban dos para ir a la universidad. Para huir. Sacó un cero en aquel examen de Historia. Al padre de Oihana lo mataron dos años después y un rumor se extendió en el barrio y en el pueblo: Que era Txisto quien había pasado la información. Que fue Txisto quien informó de los movimientos del padre de Oihana.

Oihana tiene una imagen grabada en la mente, una imagen que no ha conseguido borrar. Y por el miedo a olvidarla se agarra a ella. Es un empeño que mantiene expresamente desde hace mucho tiempo. No sabe muy bien en qué le ayuda, ya que a veces le aumenta el dolor. Pero lo necesita. Cuando cierra los ojos, no ve más que colores. Colores y risas. En la imagen aparece Txisto riendo y el padre de Oihana con una camiseta de tirantes de colorines. Oihana está aprendiendo a mantener el equilibrio sobre una bici de dos ruedas en el amplio patio frente a casa. El padre corre junto a Oihana, sujetando de vez en cuando la bici por la parte posterior del sillín, animándola. Unai los mira fijamente, aburrido y con envidia. En aquel momento Txisto tendría seis años y todavía se llamaba Unai. Después de un buen rato, Oihana deja la bici en el suelo y se va a todo correr a por la merienda. Tiene a su madre mirando desde el balcón de casa, y le dice gritando: "Mamá, ¿has visto? ¿Has visto?". Cuando regresa con el bocadillo de chocolate al lugar donde ha dejado la bicicleta, Oihana ve a Unai encima de la bici, todo empeño. El padre de Oihana le sujeta del sillín. "¡Aúpa, aúpa!", le dice con el mismo vigor que a su hija. Unai hace el gesto de levantar ambas manos repitiendo: "¡Campeón, campeón!". Pierde el equilibrio y se cae. Tras un segundo y medio en silencio, se troncha de risa. El padre de Oihana, viendo que el chaval se ríe, ríe él también. Oihana al principio se ha puesto nerviosa. La bicicleta ha ido al suelo. La bici nueva. La bici rosa. La bici bonita. Pero al final se ríe. Y le pega un mordisco al pan y al chocolate. Y le da el último pedazo a Unai. Ahora es su turno y necesita tener las manos libres para sujetar la bici. Han pasado juntos toda la tarde. Oihana al final ha aprendido a andar en bici sin la ayuda de su padre. Unai aún no. Antes de irse a casa, el padre de Oihana le da una palmadita en la espalda a Unai. "Sigue intentándolo", le dice. "Lo conseguirás". Y le ha dado dos o tres achuchones. "La fiesta de las costillas!" [*sic*] le grita Oihana a Unai por encima de las risas. La fiesta de las costillas. Su padre se lo repite todas las noches al acostarse. De camino a casa Oihana mira hacia atrás por un instante. Allí se ha quedado Unai. Solo. Dando patadas a una piedra (pp. 57-59).

En el episodio que le tocó vivir a Oihana en el instituto, cuando su padre aún vivía, se puede identificar un claro ejemplo de *reconocimiento desconsiderado* de la víctima. Oihana pilló a Txisto, amigo de la infancia, escribiendo en su mesa un mensaje que culpabilizaba y recriminaba a su padre: "Tu padre es un cabrón. Un traidor. El pueblo no se lo perdonará". El padre de Oihana, víctima de amenazas e intimidación antes de su asesinato, no es reconocido como tal, ya que se le considera *merecedor* del sufrimiento que se le está causando. Según el planteamiento que subyace a estos mensajes, el padre ha hecho algo que no debía y que le convierte en enemigo del pueblo. Por ello, este no le perdona y justifica la violencia que dos años más tarde acaba con su vida.

Lejos de simplificar o deshumanizar a quienes justifican o legitiman el uso de la violencia, la autora describe a Unai —más tarde Txisto— como a un chico atractivo y bueno en los estudios. Ironías de la vida, Oihana recuerda cómo su padre enseñó a Unai a andar en bici cuando este tenía solo seis años y cómo, años después, se extendió el rumor de que fue Txisto quien informó de los movimientos de su padre. Esta anécdota subraya muy bien ese cambio en el propio personaje, que concebía al padre de Oihana como un referente en su infancia y que, por razones políticas, termina deshumanizándolo y considerándolo el enemigo que hay que eliminar. La ideologización impide a Txisto ver lo que hay de *humano* en el padre de Oihana. Al mismo tiempo, este pasaje refleja un *reconocimiento erróneo* en el que se intercambian las categorías de víctima y victimario ya que el padre de Oihana es presentado como victimario y el pueblo es considerado como víctima.

Segunda escena

[...] El retorno a casa fue muy duro. Sentía el barrio bastante más lejano. Ya no tenía padre. La vida y la muerte: Oihana notaba que a su padre le habían robado ambas cosas. Durante días anduvo buscando su rastro de sangre, pero en la sucia acera llena de chicles no encontró nada que pudiera ser de su padre. El futuro guardará la memoria de los chicles. Y de las hormigas. Se mire donde se mire, ahí estará siempre una hormiga recorriendo el pasado. Si no es alguna hormiga que ya estuvo allí, será otra de una generación posterior. Esas hormigas rojas que solemos ver tienen una esperanza de vida de tres años; las hormigas obreras, de dos. La mayoría, en cambio, morirán pisoteadas. Antes de tiempo. Y, sin embargo, podían haber vivido en paz. Las hormigas reinas de determinadas especies pueden vivir hasta quince años, incluso treinta. Viven protegidas. Las reinas. Esas que alardean: "Aquí computamos el tiempo, no lo contamos, vosotras seguid al campo de batalla". Qué diferente es estar al resguardo y estar expuestas en la plaza. La plaza: es un riesgo notorio, en medio de la civilización salvaje. No solo ocurre con las hormigas. Las marionetas, esas que suelen usar sujetas de cuatro hilos, sin soporte, terminan rompiéndose. La porcelana se guarda y se protege en vitrinas. Así dura casi para siempre. La reina. "Ve tú a morir, yo desde aquí ya te ordenaré qué tienes que hacer". Y aunque parezca asombroso y cruel, algunos-muchos-demasiados van hacia la muerte, no porque crean que deba ser así, sino porque una voz en la sombra les ha prometido el sol. La plaza es placentera. Hasta que comienza a llover. Hormigas. Muchas morirán pisoteadas. La mayoría. Cuando su padre cayó al suelo abatido, seguramente habría atrapado muchas debajo de sí. Cuántas muertes. En eso iba pensando Oihana cuando vio una hilera de hormigas en el lugar donde hubo un rastro de sangre de su padre: ¡cuántas muertes! Fue muy duro el retorno. Nadie le hizo ningún gesto de bienvenida. Ni para bien ni para mal. Indiferencia. Un laberinto mudo (pp. 67-69).

Al padre de Oihana le habían robado ambas cosas: la vida y la muerte. La vida, no solo porque le asesinaron, sino porque durante años fue víctima de persecución, intimidación y amenazas, lo que le obligó a llevar escolta y cercenó de forma drástica su autonomía y su libertad; es decir, mientras estuvo vivo, no le dejaron vivir y, cuando esto ya no fue suficiente, le quitaron la vida. Pero también le robaron la muerte, al condenar al olvido su victimación y al invisibilizar su ausencia y el dolor que esta generaba en su entorno. La metáfora de la acera sucia, que cuando Oihana vuelve al pueblo ni siquiera conserva rastro de sangre de su padre, refleja elocuentemente el sufrimiento que genera esa ausencia y la falta de reconocimiento. Si no hay marcas es que no ha pasado nada. El futuro guardará la memoria de los chicles y de las hormigas, pero no la de su padre de la que ya no queda ni rastro. Este mecanismo de olvido y de invisibilización de las experiencias de las víctimas se corresponde con la patología del *reconocimiento desconsiderado*.

El pasaje también relata el recibimiento que tuvo Oihana al volver a casa tras la muerte de su padre: "Indiferencia. Un laberinto mudo". El entorno de Oihana simpatizaba con la izquierda *abertzale* y ello hizo que la gente más cercana, sus amigas, no le mostrasen empatía y compasión por lo sucedido. Esto también es un síntoma de la patología del *reconocimiento desconsiderado* según la cual se acompaña únicamente el dolor de las personas que nos son ideológicamente más próximas. Esta escena nos ayuda a comprender cómo en una sociedad en la que muchos de sus actores compartían una moral éticamente no justificada, donde se ensalzaba la acción de los victimarios y de las personas que en la sombra ordenaban la muerte de sus convecinos, se generaba un clima favorecedor de la complicidad, la indiferencia o el silencio de buena parte de la ciudadanía.

Tercera escena

Si se lo cuenta a su madre, ya sabe qué le va a decir. Le dirá que acuda a la cita: "Habla, habla mucho de tu padre. Cuéntale que tenía una sonrisa preciosa, una sonrisa paternal, que cuando abría la boca demasiado se notaba que le faltaba la muela de atrás y que del hueco donde en tiempos había estado esa muela se le escapaban pequeñas risotadas. Cuéntale lo de la foto, lo de cuando casi se tragó el sol. Que amaba tremendamente la vida, dile eso. Que sí, que a todos nos gusta vivir, pero que algunos aman la vida, están enamorados de la vida. Que lo de tu padre era pasión por la vida. Cuéntale que cuando la sombra del guardaespaldas se lo tragó aprendió a vivir de nuevo. Que en parte perdió a su hijo, y que vivió con ese dolor sus últimos meses. Pero dile que a pesar de eso seguía teniendo hambre de vida. Y que nos quería muchísimo. Que era muy humano. Y que cómo es posible que haya ocurrido todo esto [...]. Que le robaron y nos robaron el tiempo. [...]. Háblale mucho de tu padre y, sobre todo, háblale de ti. Cuéntale lo de la soledad. ¿Cómo me decías? 'Esta soledad es diferente, mamá'. ¿Te acuerdas? Me decías: 'Esta soledad es muy traicionera, empieza a hablar y no calla'. Me preguntabas: '¿Dónde está la gente?' y yo seguramente algo te decía, pero no te respondía. Toma, más soledad para ti. Mira, Oihana, ese es mi dolor, en determinados momentos yo fui una soledad más para ti. También puedes contarle eso. ¿Cómo has dicho? ¿Santi Bizkardi?".

Oihana ya sabe que, si le cuenta lo de la llamada, su madre le dirá algo así. Y no quiere oírlo. No ahora. No desea respuestas claras y seguras, no desea voces ni miradas firmes; ahora necesita la duda, alguien que al mismo tiempo le diga que sí y que no, alguien que, sobre todo, la proteja en su incapacidad para tomar decisiones. Empujones no. Por favor, empujones no. [...]. Oihana sabe que lo mejor sería contarle a su madre lo de la llamada, pero no lo hará. Quiere tener la sensación de que está haciendo algo mal. Lo necesita.

Oihana pocas veces anda sola por la Calle Mayor. Antes de nacer Katti, solía dar una vuelta por allí con Jorge y se echaban algún vino. En la Calle Mayor hay cuatro bares y solían entrar en dos de ellos. A la Herriko, nunca; y tampoco al bar de Miguel. Cuando era joven entró en alguna ocasión a la Herriko. Casi siempre era Saioa la que proponía entrar allí y solía ser el primer lugar de reunión de la cuadrilla los sábados por la noche. Un bar. Un bar más, que ofrecía la opción de bailar aunque fuera a empujones. Oihana no tenía costumbre de quedarse mirando a las fotos, carteles y pancartas que solían estar colgados en las paredes. Cuando su padre empezó a recibir amenazas, en cambio, dejó de ir. Salía de fiesta más tarde o no salía. No recuerda por qué adoptó conscientemente la decisión de no ir a la Herriko. Recuerda algunas miradas, largas miradas, de esas que se mantienen durante demasiado tiempo. Sería quizás por aquellas miradas. Cuando asesinaron a su padre, dejó incluso de pasar por la Calle Mayor. No podía comprender, no lo podía soportar, no podía aceptar que junto a las fotografías gigantes de gente del pueblo que estaba en la cárcel no hubiera ninguna foto de su padre. También su padre era del pueblo. También su padre faltaba. También su padre debía estar en el pueblo. "Las paredes del pueblo, por lo visto, no son de todos", le escuchó una vez a su madre (pp. 41-43).

La llamada de Santi, el antropólogo que está entrevistando a diversas víctimas, irrumpe por sorpresa en la vida de Oihana. Ella se pone muy nerviosa y se le cae un vaso al suelo; no sabe si ha sido por la llamada o si lo ha tirado ella. La metáfora de los cristales del vaso roto hace referencia a ese dolor que, por mucho que intentes que desaparezca, si no se trabaja adecuadamente, siempre tiende a reaparecer: "Por mucho que lo barras, siempre queda uno más. Un cristal más. Una herida más" (p. 35). Oihana se empieza a imaginar qué le diría su madre si le contara a ella lo de la llamada. Feli, su madre, es un ejemplo de fortaleza y resiliencia, ya que siempre recuerda a su difunto marido con una sonrisa y no ha transmitido odio ni rencor a nadie de su familia.

Si Oihana hablara con su madre, esta le recordaría que su marido empezó a llevar escolta al estar señalado por ETA —quien lo deshumanizó y le convirtió en un objetivo— y se esforzaría en demostrar su apego a la vida, su carácter ejemplar y su capacidad de resiliencia en circunstancias muy difíciles. Su insistencia en que Oihana le cuente todo ello a Santi sugiere que la madre percibe y sufre la ausencia de reconocimiento social de su marido como víctima. Estamos, de nuevo, ante la patología del *reconocimiento desconsiderado* en virtud de la cual su marido deja de ser una persona inocente y le convierten en un objetivo que se hace visible a través de su guardaespaldas; ya no puede ser concebido sin esa otra figura que lo acompaña allá donde va. Más adelante, en la novela, Martín, hermano de Oihana, relata lo que condicionó su vida personal y social vivir con un guardaespaldas siendo tan joven: "Nos convirtieron en enemigos a los ojos de la gente" (p. 51). Ello es, de nuevo, un reflejo de la patología del *reconocimiento erróneo* que presenta a la víctima como victimario, contribuyendo así a su revictimización.

Otro de los recuerdos de la madre de Oihana hace referencia a la soledad a la que se vieron condenadas las víctimas de ETA por parte de la sociedad: "Me preguntabas: ¿dónde está la gente?". La novela narra cómo Oihana se quedó sin amigas tras el asesinato de su padre. Tampoco recibió ninguna muestra de solidaridad por parte de la gente del pueblo. Todo lo contrario, silencio, vacío y soledad. Hasta su profesor de guitarra le pidió que no volviera más. Al final, optó por marcharse a estudiar fuera, huir para sobrevivir, para encontrar asilo. Una vez más, *reconocimiento desconsiderado*.

Esta tercera escena relata muy bien el clima social del pueblo cuando asesinaron a su padre. Oihana cuenta que, cuando su padre empezó a recibir amenazas, ella dejó de entrar en la *herriko*[2]. Recuerda largas miradas incómodas que le hacían sentir fuera de lugar. Ello es reflejo, una vez más, de dos patologías. Por un lado, la del *reconocimiento desconsiderado*, en tanto que algunas personas de la *herriko* le hacían sentir a Oihana culpable de habitar un espacio que no era el suyo, merecedora de ser señalada e intimidada. Por otro, la del *reconocimiento erróneo*, en tanto que algunas personas que frecuentaban la *herriko* intercambiaban las categorías de víctima y victimario: la primera es considerada culpable (el padre de Oihana es el enemigo del pueblo y, en consecuencia, también su hija) y la segunda inocente (el pueblo es víctima de la violencia ejercida por el opresor encarnado en el padre de Oihana).

Más adelante, tras al trágico acontecimiento, Oihana dejó de pasar por la calle Mayor porque no podía soportar que las imágenes de los presos de ETA ocupasen el espacio público y su padre, víctima asesinada, no apareciera por ningún lado. "'Las paredes del pueblo, por lo visto, no son de todos', le escuchó una vez a su madre". Aquí identificamos de nuevo la patología del *reconocimiento erróneo*, porque se presenta como víctima a quien, en principio, es victimario (el preso militante de ETA). Y aunque cabe la posibilidad de que también el victimario pueda ser víctima a causa de alguna vulneración de derechos humanos que hubiera padecido en su encarcelación (casos de tortura y abuso policial), el hecho de que se visibilice públicamente solo el sufrimiento de unas víctimas deja entrever, una vez más, el *reconocimiento desconsiderado* hacia el padre de Oihana.

Oihana, su madre y su hermano, las tres víctimas de la violencia de ETA en esta novela, luchan por ser vistas más allá de su condición de damnificadas de la violencia. De ahí que sus actos y decisiones tras el atentado —como el de irse fuera a estudiar— buscaran

2. Sede social de la izquierda *abertzale*; literalmente significa 'la taberna del pueblo'.

recuperar la autonomía y la libertad que les fueron arrebatadas, tratando de evitar el daño que les provocaba el *reconocimiento reductor* al limitar su imagen al estereotipo de víctima, vulnerable y sin capacidad de resiliencia. Oihana evitaba hablar de su pasado y se protegía detrás de su anonimato. Por eso, la llamada de Santi la descolocó tanto.

Este análisis se ha centrado en algunas escenas de la novela para ilustrar cómo funcionan las patologías. Pero animamos a las lectoras y lectores a trabajar el libro completo. Los siguientes capítulos permiten explorar y empatizar con los sufrimientos de distintas víctimas. Goikoetxea afirma: "[...] El dolor es dolor, aunque cada lágrima nos moje de manera diferente" (p. 49). Precisamente, la perspectiva ética que subyace a esta obra demanda reconocer las vulneraciones de derechos humanos de víctimas de distinto signo (violencia de abusos policiales, terrorismo de Estado, etc.) como vía para un auténtico reconocimiento de todas ellas.

LOS PECES DE LA AMARGURA, DE FERNANDO ARAMBURU

Los peces de la amargura, publicado en 2006, recopila diez relatos sobre las víctimas del terrorismo. Su autor, Fernando Aramburu, escribió también el gran éxito literario *Patria* (2016) —considerada como "*la* novela del conflicto vasco"— que ha sido a su vez la base tanto de una novela gráfica como de una serie televisiva. En otras obras, por ejemplo, en *El vigilante del fiordo* (2011), el escritor donostiarra, afincado en Alemania, incluye tres nuevos cuentos que tratan la violencia terrorista: "Chavales con gorra", "Carne rota" y el relato que da nombre al volumen. La actitud del autor respecto a la violencia es clara y contundente:

> Estoy empapado de episodios dramáticos que han ocurrido en el País Vasco y que me afectan de una manera directa. El sufrimiento ajeno es mi sufrimiento, esa es mi postura personal, moral y literaria. No me siento sólo espectador, sino que noto que la realidad me salpica (Marín, 2006).

La obra en la que nos centramos surge, en palabras de Aramburu, con unos objetivos muy claros:

> Para dar voz a individuos concretos que habían sufrido la acción criminal de ETA [...] Mi objetivo era devolver el rostro a aquellas personas a quienes se lo han arrebatado y describir su soledad, su dolor. Esto es, no hacer reportaje, ni transmitir datos, ni pronunciarme sobre una u otra cuestión, sino bajar a lo humano. [...] Esos ochocientos y pico muertos nos están interpelando de continuo. [...] (Marín, 2006).

En definitiva, el libro está escrito contra los asesinos, contra quienes los apoyan, contra sus excusas ideológicas y a favor de las víctimas y su humanidad.

La pluralidad de los relatos posibilita —así lo dice Aramburu— recoger la gran diversidad de voces, situaciones y acontecimientos que se engloban bajo el nombre genérico de "víctimas del terrorismo". Además, refleja el modo —también diferente, individualizable, específico— en que quienes fuimos contemporáneos de dichos acontecimientos pudimos llegar a experimentarlos, sentirlos y vivirlos. El propio autor explicita sus sentimientos:

> Me duele que exista en esta sociedad un sector que intenta lograr parcelas de poder mediante la brutalidad; me duele que otro sector apoye más o menos, comprenda, bendiga, o haga como que condena con palabras tibias esa brutalidad, y me duele que haya otra gente, si acaso movida por el sentimiento de sobrevivir, que mira hacia otro lado, que no ve el fuego, no ve la sangre, no oye las explosiones (Marín, 2006).

Conviene destacar tres características significativas de esta obra. En primer lugar, desde el punto de vista del estilo, es un texto muy sobrio, austero, humilde —"No me podía permitir florituras a costa del sufrimiento ajeno" (Marín, 2006)— que hace uso del realismo para retratar la tragedia de las víctimas. Por otro lado, desde la perspectiva emocional, la acertada combinación de forma y contenido, de placer estético con aflicción humana, de sencillez en la exposición del sufrimiento injusto, lo hace un libro conmovedor, duro y tierno al mismo tiempo. Finalmente, el trabajo de documentación previo, el acceso a los testimonios y casos de víctimas y sus circunstancias, convierte los relatos y a los personajes que los protagonizan en imágenes fidedignas, representativas de historias reales, identificables en varias ocasiones con facilidad. Como dice el autor, "la misión del escritor es dar una presencia histórica a los individuos, ponerles nombre y situarlos en su ambiente cotidiano. He escrito unos cuentos que se alimentan de una realidad conocida por los posibles lectores, lo cual me ha obligado a documentarme" (Marín, 2006).

Para este análisis hemos seleccionado el segundo relato, titulado "Madres" (pp. 37-59). En él, la persona narradora —que al final del cuento se desvela que es la propia protagonista— relata la experiencia con la violencia de dos madres (de ahí el título). Una, la protagonista, es Toñi, que queda viuda y al cargo de tres hijos al morir asesinado su esposo —policía municipal en un pueblo costero guipuzcoano— a manos de ETA. La otra es un personaje importante, antagonista de Toñi, pero de la que no sabemos su nombre, solamente su vestimenta negra (en señal de luto por el fallecimiento de su joven hijo a manos de la Guardia Civil) y su trato cruel y despiadado hacia la protagonista.

Como ya se ha indicado, estas narraciones están basadas en hechos reales, aunque adaptados a la ficción. En este caso, el origen inspirador se encuentra claramente en dos personas reconocidas como víctimas:

- El marido de Toñi está inspirado en Benigno García Díez, gallego de nacimiento, policía municipal en Ondárroa, asesinado en enero de 1982 a la salida del trabajo, habiendo recibido numerosas amenazas previas. Tras el atentado y muchos meses de seguir soportando intimidación popular, su viuda, Mari Carmen Echevarría, abandonó con sus seis hijos la localidad y Euskadi, trasladándose a Cataluña. El testimonio de esta, presentado en diversos medios de comunicación, muestra abundantes detalles coincidentes con elementos importantes del relato.

- El joven muerto está inspirado en el caso de Koldo Arriola Arriola, de diecinueve años, fallecido en Ondárroa en mayo de 1975. Tras una cena de celebración de fin de curso, el grupo de estudiantes entre los que se encontraba Koldo se dirigía a una discoteca y pasaron cantando ante el cuartel de la Guardia Civil. Entonces, el joven fue conminado a acercarse al cuerpo de guardia y, ya en su interior, recibió un disparo de arma de fuego por parte de uno de los agentes de la Benemérita.

Todos estos elementos de la realidad son, lógicamente, ficcionados y tratados literariamente de manera libre por el autor, y así han de ser considerados, sin caer en el error de deducir paralelismos en el texto más allá de la evidente inspiración en los casos reales.

El aspecto nuclear que queremos abordar —el reconocimiento recibido por las víctimas, especialmente su expresión patológica— aparece repetidamente en este breve relato.

La vivencia constante de intimidación y amenaza, no solo antes sino también tras el atentado mortal, muestra con toda su crudeza el *reconocimiento desconsiderado*. A continuación, mostramos algunos ejemplos de este tipo de patología:

- En la conversación entre las madres, la antagonista identifica al marido de Toñi, policía municipal, como un ser despreciable, objeto de insultos: "Dile a tu marido que deje el puesto y se vaya. Si no, le tendrás que ir preparando la capilla ardiente y no te lo digo más. Ya estáis avisados, sinvergüenzas [...] Tu marido es un *español de mierda*. ¿Te parece poco?" (p. 38).
- Consecuentemente, la estigmatización que sufre la familia de Toñi llega al límite de adscribirle rasgos de tabú. El contacto con ella es negativo, contaminante, pecaminoso y prohibido: "De pronto la señora cayó en la cuenta de que con la punta de un zapato estaba pisando el felpudo.

Rápidamente echó el pie hacia atrás. A la Toñi aquel detalle le dolió más que la amenaza" (p. 38).

- La culpabilización mal aplicada o, de otro modo, la desconsideración del rasgo de inocencia en la víctima se plantea de tal manera que es la víctima, la acosada, quien tiene que demostrar su inocencia:

> Haría cosa de cinco minutos que la señora se había marchado. Con un poco de suerte aún no habría doblado la esquina de la calle. En caso de verla, la Toñi bajaría corriendo a hablarle con el corazón en la mano [...] bajaría a decirle con sinceridad que sentía mucho lo que había pasado, que comprendía su dolor de madre pues también ella tenía hijos y si perdiera uno, ¡Dios no lo quisiera!, se volvería loca. Esto último quizá era mejor no decirlo, pensó, pero sí que a su marido no se le podía culpar de lo ocurrido; que, aunque él tenía sus ideas como otros tienen las suyas, solo se dedicaba al tráfico y a ayudar a los demás, y que por favor viniese un día a tomar café con ellos, o a comer, o a lo que fuera, para que comprobase que eran gente honrada, incapaz de hacerle daño a una mosca (p. 41).

Y adquiere su máxima expresión cuando las amenazas y el trato injusto se dirige hacia quien en ningún caso tiene posibilidades de implicación en el supuesto comportamiento culpable, los hijos del matrimonio: "Llegó la niña muy asustada del colegio, sin poder explicar lo que le habían hecho unos chavales que ella no conocía y que por lo visto ya le habían salido otras veces al camino a meterle miedo" (p. 57).

En otras circunstancias, las acciones, por un lado, o las palabras, por otro, no hacen sino mostrar un *reconocimiento erróneo*:

- Se hace de la víctima un victimario. Y así, la persona que vive intimidada y bajo la amenaza popular es percibida como "opresora" del pueblo (p. 51) o el cumplimiento de las obligaciones laborales legales se transforma en acción vulneradora de supuestos derechos, incluso por los propios compañeros de profesión: cuando la víctima retira la *ikurriña* del ayuntamiento, "los chavales desde la plaza, le dieron una pita de aúpa. Lo llamaron de todo. Hubo quien le tiró una piedra del tamaño de una manzana [...] lo paró uno que también era guardia municipal [...] lo insultó a base de bien" (p. 44). Hacemos notar en este momento que las patologías pueden mantener significativas relaciones entre ellas y ser dinámicas y cambiantes según la perspectiva desde las que se practican. Así, en este caso, desde el punto de vista de los perpetradores que intercambian errónea y perversamente sus papeles con los de las víctimas, se trata de un *reconocimiento erróneo*. Sin embargo, desde la perspectiva de muchos de los testigos de estos hechos, este maltrato —insultos, agresiones...— e injusticia manifiesta se legitiman automáticamente porque se interpretan como un castigo justo y merecido. Entonces, nos encontramos ante un *reconocimiento desconsiderado*: el policía municipal no es víctima.

- Como una exacerbación del intercambio de papeles que supone el *reconocimiento erróneo*, de cuya comisión nadie queda libre de antemano —como vemos a continuación—, se muestran dos ejemplos concretos en el relato. Por un lado, el psicólogo que profesionalmente presta apoyo a Toñi en el trance del duelo y sus consecuencias le genera sentimientos de culpabilidad a la víctima por no reaccionar adecuadamente ante las necesidades de sus hijos y así "al final todo lo que consiguió fue dejarla recomida por los remordimientos" (p. 55). Por otro, uno de los hijos le acusa de ser causante de sus males y así, cuando el ambiente se hace irrespirable y Toñi, contra la voluntad de su prole, decide que la familia abandone el pueblo, el niño termina reprochándole: "Tú no me quieres porque soy de aquí" (p. 54). Ni siquiera las víctimas en la relación entre ellas mismas se libran de poder caer en el ejercicio de una patología de reconocimiento.
- Se identifica como víctima a un ente ideal, colectivo, inexistente realmente, pero en cualquier caso superior

moralmente a la persona concreta y sin introducir el criterio de la (in)justicia en la calificación del sufrimiento: "¿A ti te parece que el sufrimiento de una opresora vale lo mismo que el sufrimiento de todo un pueblo?" (p. 51). La falta de humanidad de este mecanismo llega incluso hasta los momentos inmediatamente posteriores al asesinato, y así, por ejemplo, en el libro de condolencias expuesto durante el funeral, entre los escasos mensajes de solidaridad se cuelan expresiones perversas —"Un enemigo menos de Euskal Herria, ke se joda" (p. 48)— o la antagonista todavía sigue espetando a Toñi —"Gente como tú machacáis a Euskal Herria" (p. 50)—, haciéndola sentirse incluso implícitamente responsable del fallecimiento de su hijo (p. 51).

¿Cómo, a quien ha soportado años de amenaza e intimidación popular y a quien ha padecido el asesinato de su marido, destrozando su vida y la de su familia, se le puede transformar en opresor y asesino? Esto solo es verosímil si, entre otras razones, se realiza un reconocimiento patológico de la víctima. Y de esta forma inadecuada de reconocimiento no estamos nadie libre, ni siquiera las propias víctimas. Así, en el relato que nos ocupa, la protagonista tampoco parece tener especial interés en disponer de un criterio propio a la hora de identificar o no al hijo de su antagonista, la otra madre del relato, como víctima. No parece ser importante si el joven murió accidentalmente o lo mataron, si provocó el altercado o simplemente pasaba por ahí, si la verdad de los hechos reside en el informe oficial o en los comentarios vecinales:

> Ahora estaba dándole vueltas al suceso que había roto la paz del pueblo durante el último fin de semana. ¿Sería más justo decir trágico accidente, como querían unos, o crimen, como querían otros? Que cada cual escoja según su conciencia. Las palabras no van a sacar al muerto de la tumba. [...] Las declaraciones públicas de algunos políticos la dejaron de una pieza. Uno que habló por la radio dijo que no justificaba la venganza, pero que la comprendería en caso de que se produjese. Esa misma tarde, un portavoz ministerial insinuó que el

muerto se había buscado su propio castigo. Por el barrio de la Toñi (en realidad por todo el pueblo) corrían rumores envueltos en sospechas que nunca se pudieron demostrar. Lo que nadie negaba era que el joven volvía a las tantas de la noche de una fiesta con amigos. La cuadrilla se dispersó en la plazoleta que hay detrás de la iglesia. Cada cual tiró para su casa y él también. Hasta ahí coinciden todos los testimonios. Ahora, desde que el joven se marchó solo por las calles vacías hasta que amaneció con el corazón reventado por un balazo se extiende un misterio que para qué. Dicen que si venía bebido. Un vecino de la zona aseguró que antes del disparo había oído desde la cama pasar a un mozo cantando. Por lo visto, el joven se paró a orinar contra la pared del cuartelillo y se puso a dar voces o algo hizo, esto no habrá nunca quien lo aclare. Un guardia civil salió a llamarle la atención. En su declaración, el guardia dijo que el joven empezó a insultarle y que sin más ni más se le echó encima. Puede que sí, puede que no. Total, que se produjo un forcejeo. Durante la pelea al guardia civil se le disparó el arma reglamentaria. Eso es lo que sostiene la versión oficial (pp. 39-40).

El mismo tono de distancia, de asepsia o de falta de interés que Toñi muestra en el párrafo anterior se manifiesta cuando esta se refiere a otras víctimas en principio totalmente ajenas a la problemática. Así cuenta, por ejemplo, que, a resultas de los incidentes provocados en protesta por la muerte del hijo de la antagonista: "A una chica francesa que no tenía nada que ver con el jaleo la hirieron de bala en el vientre. Creo que no murió [...] y en el muelle prendieron fuego a un camión de pescado, dicen que porque tenía una pegatina con la bandera de España en el parabrisas" (p. 40).

Por otro lado, parece que también la víctima, en este caso el marido de Toñi, practica un *reconocimiento reductor*, aunque sea bienintencionado, cuando intenta exculpar o comprender a la antagonista que emite sus amenazas, porque la ve solo como víctima, afectada, en *shock*, traumatizada por la trágica muerte de su hijo: "El marido aún tomó un sorbo de vino con gaseosa antes de opinar que la señora aquella no debía de andar bien de la cabeza [...] Después de lo del hijo le habrá cogido manía a los uniformes" (p. 43).

Remitiéndonos finalmente a otros aspectos del relato ya no directamente vinculados con las patologías del reconocimiento, pero no por ello desdeñables desde la pretensión de activar nuestra sensibilidad moral en favor de las víctimas, podemos destacar varios elementos significativos a tener en cuenta. Apuntémoslos brevemente.

En primer lugar, a pesar de la clara delimitación dual (protagonista, víctima de ETA/antagonista, simpatizante del terrorismo), lo cierto es que el propio texto rechaza implícitamente la simplificación maniquea y lo hace de diversos modos: abre la posibilidad de considerar a la antagonista y a su hijo como víctimas, en este caso de una actuación policial abusiva; apunta al igual valor del sufrimiento y dolor de ambos personajes, hasta el punto de que Toñi puede relativizar las amenazas de su antagonista cuando tiene conocimiento del suceso en el que su hijo ha perdido la vida: "Bajaría a decirle con sinceridad que sentía mucho lo que había pasado, que comprendía su dolor de madre" (p. 41); el relato se cierra, junto con el desvelamiento de la identidad de la persona narradora —la propia Toñi— con una interpretación por su parte de la actitud de su antagonista en la que muestra su convicción de que ella también, personalmente, en el momento en que la viuda abandona la localidad, parece reconocerle el dolor injustamente padecido: "No tenía en la cara la dureza de otras veces; antes bien, una mueca apagada y como melancólica, les aseguro. En esto, va y les hace adiós con la mano, que la Toñi pensó si sería burla, pero no" (pp. 58-59).

En segundo lugar, y a pesar de que el relato recoge con claridad un procedimiento de intimidación colectiva, tampoco se deja llevar por el dualismo pueblo malo/víctima buena. Entre sus convecinos, Toñi encuentra apoyo, escaso pero valioso: por parte de una vecina inicialmente (hasta que ella misma es amenazada por ejercer solidaridad) y de su sobrina posteriormente; de varios vecinos que muestran su cercanía humana en los funerales y ofrecen sus recursos personales y económicos para facilitarle la mudanza... Aunque también es cierto que lo que prima es la descripción de una población que, sometida al miedo y a la presión violenta, no se atreve a expresar públicamente su rechazo a la injusticia o se somete a ella ninguneando a la víctima, o simplemente desconoce el modo y cauce de expresar su solidaridad hacia ella. Estos detalles así recogidos muestran cercanía conceptual con lo que Primo Levi (2000) vino a llamar "la zona gris": esos comportamientos éticamente cuestionables de la población circunstante o de las propias víctimas provocados por los perpetradores y con los que se convierten en sus colaboradores involuntarios, aunque sin confundirse nunca con ellos.

Finalmente, y precisamente por lo apuntado en las dos notas precedentes, no consideramos del todo ajustada alguna crítica que se le ha hecho al relato: "Aramburu presenta a dos víctimas enfrentadas que no pueden reconciliarse porque una de ellas se enquista en su maldad [...] la sitúa dentro de una categoría fácilmente condenable y, por tanto, no da pie a la autocrítica" (Portela, 2016: 187). Es innegable que el autor quiere mostrar claramente su solidaridad y reconocimiento hacia las víctimas del terrorismo de ETA y las toma como protagonistas, pero no establece, al menos en este relato, una competición o rivalidad por apropiarse de la condición de víctima. Que sea reconocida como tal también la antagonista es una posibilidad que queda abierta en el texto (precisamente a través de la reflexión de Toñi, como ya hemos visto), incluso sin contraponerlo a su inaceptable comportamiento general hacia la protagonista —con lo que nos encontraríamos con la inquietante figura de una víctima que se convierte en victimario— y sobre el que se intuye al final algún tipo de cambio positivo. Además, esas situaciones ambiguas permanentemente presentes en el texto —interpretación del fallecimiento del joven, diferencia entre comportamiento público y privado, mal comportamiento vecinal, no voluntario sino producto de un miedo al parecer invencible...— son las que permiten y posibilitan de manera clara y contundente la deseable actitud autocrítica de quien lea el texto.

Invitamos a la persona lectora a continuar con este ejercicio de análisis de las patologías de reconocimiento en los otros relatos de esta obra de Fernando Aramburu. A continuación, incluimos un listado de novelas sobre estas temáticas con las que se podría realizar el mismo ejercicio.

LISTADO DE NOVELAS SOBRE EL CONFLICTO VASCO[3]

AGIRRE, Katixa (2015): *Atertu arte itxaron [Espera a que escampe]*, Donostia, Elkar.

APAOLAZA, Uxue (2002): *Mea culpa [Mea Culpa]*, Donostia, Elkar.

ARAMBURU, Fernando (2016): *Patria*, Barcelona, Tusquets.

ATXAGA, Bernardo (1993): *Gizona bere bakardadean [El hombre solo]*, Iruña, Pamiela.

— (1995): *Zeru horiek [Esos cielos]*, Donostia, Erein.

CANO, Harkaitz (2011): *Twist [Twist]*, Zarautz, Susa.

DE LA CRUZ, Aixa (2017): *La línea del frente*, Barcelona, Salto de Página.

EPALTZA, Aingeru (1991): *Ur uherrak [Agua turbia]*, Iruña, Pamiela.

ETXENIKE, Luisa (2008): *El ángulo ciego*, Barcelona, Bruguera.

GARCÍA ORTEGA, Adolfo (2019): *Una tumba en el aire*, Barcelona, Galaxia Gutenberg.

GUERRA GARRIDO, Raúl (1977): *La lectura insólita de "El Capital"*, Barcelona, Destino.

HERNÁNDEZ ABAITUA, Mikel (1991): *Etorriko haiz nirekin? [¿Vendrás conmigo?]*, Donostia, Elkar.

LERTXUNDI, Anjel (2002): *Zorion perfektua [La felicidad perfecta]*, Irun, Alberdania.

MARTÍNEZ, Iñaki (2013): *Arresti*, Donostia, Hiria.

MUÑOZ, Jokin (2022): *Sin tocar el suelo*, Barcelona, Galaxia Gutenberg.

PORTELL, Verónica (2006): *Y sin embargo, te entiendo*, Donostia, Hiria.

SAIZARBITORIA, Ramón (1976): *Ehun metro [Cien metros]*, Donostia, Kriselu.

URRETABIZKAIA, Arantza (1998): *Koaderno gorria [El cuaderno rojo]*, Donostia, Erein.

YBARRA, Gabriela (2015): *El comensal*, Barcelona, Caballo de Troya.

ZALDUA, Iban (2018): *Como si todo hubiera pasado*, Barcelona, Galaxia Gutenberg.

ZUBIZARRETA, Patxi (2008): *Pikolo [Pikolo]*, Irun, Alberdania.

LISTADO DE NOVELAS GRÁFICAS SOBRE EL CONFLICTO VASCO

CAVA, Felipe Hernández y SEGUÍ, Bartolomé (2014): *Las oscuras manos del olvido*, Barcelona, Norma Editorial.

DE ESPAÑA, Ramón (2012): *La ola perfecta*, Barcelona, Glenat España.

DE ISUSI, Javier (2014): *He visto ballenas*, Bilbao, Astiberri Ediciones.

FEJZULA, Toni (2020): *Patria*, Barcelona, Planeta Cómic.

VV AA (2016): *Tirabirak. Tiras que aflojan. El conflicto vasco en las viñetas*, Universidad del País Vasco.

ZAPICO, Alfonso (2018): *Los puentes de Moscú*, Bilbao, Astiberri Ediciones.

3. Se incluyen las referencias en el idioma original de la obra y entre corchetes el título de su traducción.

BIBLIOGRAFÍA

ARAMBURU, Fernando (2006): *Los peces de la amargura*, Barcelona, Tusquets.
— (2016): *Patria*, Barcelona, Tusquets.
ARISTÓTELES (1985): *Ética Nicomáquea. Ética Eudemia*, Madrid, Gredos.
BARCENILLA, Luis Miguel (2023): "Es imprescindible trabajar por una cultura que deslegitime la violencia", *El Salto*, 30 de noviembre.
BILBAO, Galo (2005): "El reconocimiento social de las víctimas", *Bake hitzak*, 60, pp. 13-18.
BILBAO, Galo y ETXEBERRIA, Xabier (2005): *La presencia de las víctimas del terrorismo en la educación para la paz en el País Vasco*, Bilbao, Bakeaz.
BILBAO, Galo y SÁEZ DE LA FUENTE, Izaskun (2023): *Memoria de las víctimas. ¿Víctimas de la memoria?*, Madrid, Los Libros de la Catarata-Deusto.
BILBENY, Norbert (1993): *El idiota moral. La banalidad del mal en el siglo XX*, Barcelona, Anagrama.
BRUNER, Jerome (1996): *The culture of education*, Cambridge, MA, Harvard University Press.
CAMPS, Victoria (2011): *El gobierno de las emociones*, Barcelona, Herder.
— (2016): *Elogio de la duda*, Barcelona, Arpa Editores.
ETXEBERRIA, Xabier (2012): "Ética del reconocimiento y víctimas del terrorismo", *Isegoría*, 46.
— (2014): "Del conocimiento a la memoria pasando por el reconocimiento", en VV AA, *Justicia, Verdad, Reparación: de los derechos de las víctimas a las tareas de la sociedad*, Vitoria-Gasteiz, Eusko Jaurlaritza.
GANTXEGI, Irene (2017): *Hacia un reconocimiento de las víctimas de la violencia de intencionalidad política mediante la lectura de la narrativa literaria vasca*, Bilbao, Universidad de Deusto [tesis inédita].
GIGLIOLI, Daniele (2017): *Crítica de la víctima*, Barcelona, Herder.
GOIKOETXEA, Irati (2021): *Herriak ez du barkatuko*, Donostia, Elkar.
— (2023): *El pueblo no perdonará*, Irun, Alberdania.
HERNÁNDEZ ABAITUA, Mikel (1991): *Etorriko haiz nirekin?*, Donostia, Elkar.
— (2010): *¿Vendrás conmigo?*, Madrid, Centro de Lingüística Aplicada Atenea.
KERTÉSZ, Imre (2001): *Sin destino*, Barcelona, Acantilado.
LASAGABASTER, Jesus Maria (1990): *Contemporary Basque Fiction. An anthology*, Nevada, University of Nevada Press.
LERTXUNDI, Anjel (2002): *Zorion perfektua*, Irun, Alberdania.
— (2006): *La felicidad perfecta*, Irun, Alberdania.
LEVI, Primo (2000): *Los hundidos y los salvados*, Barcelona, Muchnick.

Marín, Maribel (2006): "El sufrimiento ajeno es mi sufrimiento, esa es mi postura personal y literaria", *El País*, 18 de noviembre.
Martínez Contreras, Francisco Javier (2002): "Arte y Paideia. El arte como experiencia humanizadora", *Letras de Deusto*, 32(95), pp. 31-43.
Mèlich, Joan-Carles (2010): *Ética de la compasión*, Barcelona, Herder.
— (2011): "Disonancias (Sobre ética y literatura)", *Ars Brevis*, 17, pp. 97-115.
Muñoz, Jokin (2003): *Bizia lo*, Irun, Alberdania.
— (2005): *Letargo*, Irun, Alberdania.
Nussbaum, Martha Craven (2012): *El cultivo de la humanidad. Una defensa clásica de la reforma en la educación liberal*, Barcelona, Paidós.
Olaziregi, Mari Jose (2017): "Literatura vasca y conflicto político", *Diablotexto Digital*, 2, pp. 6-29, doi: 10.7203/diablotexto.2.10144.
Portela, Edurne (2016): *El eco de los disparos. Cultura y memoria de la violencia*, Barcelona, Galaxia Gutenberg.
Portell, Verónica (2006): *Y sin embargo, te entiendo*, Donostia, Hiria.
Ricoeur, Paul (2009): *Tiempo y Narración III: El Tiempo Narrado*, México, Siglo XXI.
Zaldua, Iban (2012): *Ese idioma raro y poderoso. Once decisiones cruciales que un escritor vasco está obligado a tomar*, Madrid, Lengua de Trapo.

Deusto
Centro de Ética Aplicada
Etika Aplikatuko Zentroa

IRENE GANTXEGI MADINA

Filosofiako lizentziaduna eta Nazioarteko eta Kulturarteko Harremanetako doktorea da (Deustuko Unibertsitatea). *Hacia un reconocimiento de las víctimas de la violencia de intencionalidad política mediante la lectura de la narrativa literaria vasca* izenburuko tesia eginda. Gaur egun, Deustuko Unibertsitateko irakaslea da, Bilboko campusean, eta Etika Aplikatuko Zentroko kidea. Gatazka eta bake kulturei buruzko ikerrildoan ari da lanean eta, begirada etiko-politikotik, Euskadin motibazio politikoko indarkeriaren gaia jorratzen duten irudikapen artistikoetan biktimek duten isla aztertzen du.

GALO BILBAO ALBERDI

Filosofiako eta Teologiako lizentziaduna eta Teologiako doktorea da (Deustuko Unibertsitatea). Gaur egun, Deustuko Unibertsitateko irakaslea da, Bilboko campusean, eta Etika Aplikatuko Zentroko kidea. Begoñako Andra Mari (BAM) Irakasleen Unibertsitate Eskolan ere irakasten du. Beraren argitalpenek etika sozial eta politikoa lantzen dute batez ere. Jarduera zibiko eta akademiko handia garatu du bakerako hezkuntzaren esparruan, bereziki euskal gatazka eta biktimak kontuan hartuta, eta hainbat ekimenetan hartu du parte, besteak beste, ikasgeletara biktimen lekukotasuna eramateko programetan, alde bateko eta besteko biktimen arteko topaketetan eta biktimen eta biktimagileen arteko topaketa errestauratiboetan. Bakearen Aldeko Koordinakundeko eta Bakeaz erakundeko kidea izan zen. Beraren beste ikerrarlo batzuk etika profesional eta teknozientifikoa eta erakundeen etika dira.

ÁNGELA BERMÚDEZ VÉLEZ

Deustuko Unibertsitateko Etika Aplikatuko Zentroko ikertzaile nagusia da. Gatazkei eta bake kulturei buruzko ikerrildoa eta Euskadiko Memoriaren, Historiari buruzko Hezkuntzaren eta Bakearen Eraikuntzaren inguruko Ikaskuntza Komunitatea zuzentzen ditu. Bere ikerlanetan, sakon aztertu du historiari buruzko hezkuntzak, ingurune formaletan zein informaletan, nola sustatzen edo eragozten duen indarkeria politikoaren ulermen kritikoa eta, ondorioz, bakearen eraikuntza. Harvard Unibertsitateko Hezkuntza Eskolan lortu zuen doktoregoa 2008an, gazteek auzi sozial eta politikoen eztabaidan nola hartzen zuten parte ikertuta. Horren aurretik, Kolonbian lan egin zuen, bertako curriculum eta baliabide didaktikoak diseinatzen, irakasleak trebatzen, gazteei irakasten eta hezkuntza historiko, demokratiko eta etikoaren inguruan ikertzen. Hainbat erakunde aholkatu ditu: Kolonbiako Hezkuntza Nazionaleko Ministerioa, Bogotako Hezkuntza Idazkaritza, Amerikako Estatuen Erakundea, Iberoamerikako Estatuen Erakundea (OEI) eta Goi Mailako Hezkuntza Sustatzeko Institutua (ICFES). Irakasle izan da, besteak beste, Deustuko Unibertsitatean (Bilbo), Northeastern Unibertsitatean (Boston), Harvard Unibertsitatean (Cambridge), Unibertsitate Javerianoan (Bogota) eta Gizarte Zientzien Latinoamerikako Fakultatean (FLACSO, Buenos Aires).

Research ID: Web of Knowledge: H-1290-2011/ orcid.org/0000-0002-5269-6420

Irene Gantxegi Madina, Galo Bilbao Alberdi
eta Ángela Bermúdez Vélez

Minari erreparatuz erreparatzen da mina
Biktimen irudikapena euskal literaturan

Izaskun Sáez de la Fuente eta Ángela Bermúdez
(bildumaren editoreak)

Itzulpena Sara Muniozguren, Itzulpen
eta Hizkuntza Laguntzako Zerbitzua – Deustuko Unibertsitatea

EUSKADIKO GATAZKAREN ETA INDARKERIAREN MEMORIA ETA HISTORIA BILDUMA.

BILDUMA HAU EUSKO JAURLARITZAK ETA DEUSTUKO UNIBERTSITATEAK BIZIKIDETZA, GIZA ESKUBIDE ETA ANIZTASUNAREN PLANA (2021-2024) GARATZEKO SINATUTAKO HITZARMENAREN BABESPEAN EGIN DA.

AZALAREN DISEINUA: MIKEL LAS HERAS

ITZULTZAILEA: SARA MUNIOZGUREN, ITZULPEN ETA HIZKUNTZA LAGUNTZAKO ZERBITZUA – DEUSTUKO UNIBERTSITATEA

FUENCARRAL, 70
28004 MADRID
TEL. 91 532 20 77
WWW.CATARATA.ORG

MINARI ERREPARATUZ ERREPARATZEN DA MINA.
BIKTIMEN IRUDIKAPENA EUSKAL LITERATURAN

ISBN: 978-84-1067-078-5
DEPÓSITO LEGAL: M-15.924-2024
THEMA: 1DSE-ES-R/GTU/DSK

INPRIMATZAILEA: ARTES GRÁFICAS COYVE S.L.

AURKIBIDEA

BILDUMARI BURUZ

Euskadi Ta Askatasunak (ETA) behin betiko su-etena iragarri zuenetik hamarkada bat igarota, Euskadiko gazteek —indarkeria pairatu ez duen lehen belaunaldia— adierazi dute espazio seguru gutxi dituztela gaiari buruz galdetzeko, hitz egiteko eta eztabaidatzeko.

Liburu bilduma honek azken hamarkadetan Euskadin bizi izan den gatazkaren eta indarkeriaren historiaren ulermen kritikoa sustatu nahi du belaunaldi berriengan. Batez ere gazteei eta gai horiei buruzko interesa duten herritarrei zuzenduta dago, baina baita irakaslanean edo irakaslanerako prestatzen ari direnei eta hainbat erakunde publiko eta pribatutatik giza eskubideen errespetua sustatu eta bakea eta bizikidetza landu nahi duten pertsonei ere.

Proiektu hau Euskadiko Memoriaren, Historiari buruzko Hezkuntzaren eta Bakearen Eraikuntzaren inguruko Ikaskuntza Komunitatearena da. Ikaskuntza komunitate hori Deustuko Unibertsitateko Etika Aplikatuko Zentroaren ekimenez sortu zen 2018an eta, harrezkero, Euskadiren indarkeriazko iraganari buruzko diziplinarteko eta belaunaldien arteko elkarrizketa eta hausnarketa ahalbidetzeko gune bat da. Lehen lan fasean (2019-2021), profil ideologiko desberdinetako gazteek Euskadin bizi izandako motibazio politikoko indarkeriari buruz zer galdera eta gogoeta dituzten ikertu zuen. Behin eta berriz adierazi zuten hainbat galdera sortzen zaizkiela, baina ez dutela non planteatu galdera

horiek, eta gogoetak ere badituztela, baina ezin dituztela beste pertsona batzuekin kontrastatu. "Jarauntsitako eta autoinposatutako isiltasuna" ren pisua sentitzen dute familian, koadriletan, eskolan eta komunitatean.

Bada uste zabaldu bat isiltasun horri irauten lagundu diona: bakea eta bizikidetza sustatzeko, hobe dela orria pasatzea, iragana ahaztea eta etorkizunera bakarrik begiratzea. Baina etorkizuna ezin da eraiki iraganari bizkarra emanda. Horregatik, oraingo lan fasean, Ikaskuntza Komunitateak hainbat aditu bildu ditu bilduma honen ekoizpenean laguntzeko: gaian adituak diren historialariak, indarkeriaren analisi etikoan adituak diren filosofo eta gizarte zientzialariak eta historiari buruzko hezkuntzan adituak diren pedagogoak.

Bildumako liburu bakoitzak gai historiko edo etiko batean sakontzen du. Hautatu diren gaiak bereziki garrantzitsuak dira gazteek euskal gatazkaren eta indarkeriaren historiari buruz dituzten kontakizunei modu kritikoan heltzeko. Estrategia pedagogiko narratiboa erabiliz, Peneloperen bideari jarraitzea proposatzen da: iragan odoltsu eta mingarri baten memoria sozialaren ehuna tentuz desegitea eta kontzientziaz berriz ehuntzea. Bide horretan, indarkeria justifikatzeko balio duten mito, partzialkeria eta gain-sinplifikazioak ikusaraztea eta kritikoki arakatzea izango da abiapuntua dinamika bikoitza aurrera eramateko: *memoria historizatzea* eta *historia memorializatzea*. Horren bidez, hiru helburu bete nahi dira: pertsonek fenomeno historikoen konplexutasunaren ulermen hobea izatea, iragana biktimen esperientzian hezurmamitzea, eta, horrela, historiak indarkeria desnormalizatzeko eta deslegitimatzeko duen ahalmena aktibatzea.

SARRERA

Literaturak, bereziki biktimen ikuspegia bere egiten duenak, motibazio politikoko indarkeriaren deslegitimazio soziala lantzeko ahalmen handia du. Obraren existentzia bera biktimei aitorpena eta erreparazio sinbolikoa egiteko ekintza bat da. Baina are ahalmen handiagoa du: lagungarria izatea komunitate baten iruditeria kolektibora normalean baztertuak, ikusezinak edo isilduak izan diren biktimen esperientziak ekartzeko. Horrela, benetan lagundu dezake nortasun kolektiboa aberasten eta zentraltasuna ematen indarkeriaren aurkako jarrerari eta indarkeriak bidegabeki kaltetu dituenekiko elkartasunari.

Bildumako beste liburu batzuetan biktimen zuzeneko lekukotzen bidez hurbildu gara haien ikuspegira; honetan fikziozko kontakizun literarioen bidez gerturatzea proposatzen dugu, gaizkiaren aurrean hunkitzeko eta bestearen sufrimenduarekiko sentibera bihurtzeko balio baitute. Biktimen esperientziak eta ikuspegiak ikusaraztea funtsezkoa da indarkeria pairatu ez dutenek edo beste eragile batzuen eskutik pairatu dutenek bizi izandako sufrimenduaren bidegabekeria uler dezaten. Literaturak imajinazio narratiboa aktibatzen du, eta pizten dizkigun emozioek eta sentimenduek estuki konekta gaitzakete bestearen giza esperientziarekin; are gehiago, indarkeria eta biktimazioa justifikatzea errazten duten harresi ideologikoak pitzatzeraino ere irits daiteke.

Kontakizun literarioek, gainera, bertute handi bat dute: biktimizazio ekintzak egoera, agertoki eta harreman sare batean kokatzen dituzte. Horrela, agerian geratzen da nolako bizi ibilbideak izan dituzten biktimek biktimazioaren aurretik, bitartean eta ondoren, baina baita biktimagileenak eta haien bideetan gurutzatu diren beste pertsona askorenak ere. Hau da, herriko bizilagunen, lagun ohien, lankideen eta abarren erantzunak eta ekintzak ehuntzen dituzte; izan ere, horiek ere, askotan, birbiktimatze prozesu mingarrien erantzule izaten dira —biktimak beren komunitatetik kanporatzen dituen jazarpen, bazterketa, bakartze, irain edo axolagabekeriaren bidez—, edo haiekiko aitorpen, enpatia edo elkartasuna sustatzen dituzte. Horri esker, biktimagilearen erantzukizunean ez ezik, herritar arrunten erantzukizunean ere jar dezakegu hausnarketa etikoaren fokua.

Indarkeria justifikatzen duten diskurtso sozial askoren helburua da sinetsaraztea biktimak direla beren sufrimenduaren erantzuleak, zerbait egin dutela sufrimendu hori merezi izateko. Hau da, indarkeria justifikatzen saiatzen dira biktimen errugabetasuna eta pasibotasuna ezkutatuz. Halaber, biktimengandik eta haien esperientzietatik bereizi nahi gaituzte, lasai gera gaitezen honelakoak pentsatuta: "denok sufritzen dugu", "nork bereari euts diezaiola", "nik ez nuen ezer egin" edo "ez da nire kontua". Horrela, indarkeria normalizatu egiten dute, lekukoen erantzukizun zentzua indargabetuz. Aurreko liburuetako batean biktimen ikusezintasun soziala eragin zuten diskurtso mekanismoez hitz egin genuen (Bilbao y Sáez de la Fuente, 2023). Lan honek "aitorpen patologiak" kontzeptua dakar. Kontzeptu horrek pertsonek eta komunitateek biktimak gaizki aitortzeko dituzten moduak biltzen ditu. Liburuen trametan argi ageri da nola azaltzen diren aitorpen patologiak pertsonaien portaeretan eta haien arteko harremanetan, haien hitzetan, ekintzetan eta hartzen dituzten jarreretan. Horrela, patologia horiek dituztenen psikologia eta perspektiba ulertzen laguntzen digute, baita aitorpen txar horietan erortzea zer erraza den ikusten ere.

Azken batean, liburu honek literaturaren ahalmen etikoaz dihardu. Lehen atalean, biktimaren ikuspegia behar bezala

aitortzeak duen balio etikoa aztertzen du. Horretarako, biktimaren kategoria argitzen da, eta haren ikuspegia onartzeko arrazoibideak ematen dira. Bigarren atalean, aitorpen patologia nagusietako batzuen kontzeptualizazioa egiten da. Hirugarrenean, literaturak gaizkiaren aurrean hunkitzeko duen ahalmen humanizatzailea aztertzen da, eta horrek etikaren eta narrazioaren arteko harremanean eta batak bestearen gainean nola eragin dezakeen sakontzera garamatza. Laugarren atalean, euskaraz eta gaztelaniaz idatzitako euskal literatura aztertzen da indarkeriaren biktimak nola irudikatzen dituen argitzeko. Azkenik, bosgarren atalean, planteamendu kontzeptualak euskal idazleek idatzitako fikziozko bi literatura lanetan zehazten dira: Irati Goikoetxearen *Herriak ez du barkatuko eleberrian* (2021) eta Fernando Arambururen *Los peces de la amargura* (2006) kontakizun bilduman.

Liburu honetarako euskarazko izenburua argi izan genuen hasierarik, izan ere, Irati Goikoetxeak bere eleberrian jasotzen duen bertso batean inspiratu ginen. Bere nebak, Ekaitz Goikoetxea, bertsolari eta euskarazko irakasleak duela urte batzuk idatzitako bertso sorta bateko bukaeran erreparatu zuen Iratik eta bere liburura ekarri zuen. Bertso sorta horren amaierak minaren ideiari erreferentzia egiten dio, mina erreparatzeko edo konpontzeko lehenik erreparatu, aitortu egin behar dela. Bertsoan jasotako "erreparatu" aditzak indar handia du, alde batetik, arreta jartzea, konturatzea, kontzientzia hartzea eta aitortzea esan nahi duelako. Eta, bestetik, konpontzea, berreraikitzea, berregitea ere esan nahi duelako. "Mina" substantiboa gehituz, eragindako minaren izaera edo jatorri bidegabea adierazten du. Izan ere, bidegabea ez den edozein min ez litzateke konpondu, erreparatu beharko, lagundu edo kontsolatu baizik. Gaztelaniazko izenbururako egindako itzulpenean "min konpongarriaren" ordez, "bidegabekeria" hitza jarri dugu, euskarazko zentzuari hoberen egokitzen zaiona.

1. BIKTIMEN AITORPENAREN BALIO ETIKOA

Imre Kertész hungariar literaturako nobel saridunak nerabe judu batek nazien kontzentrazio esparruetan izandako gorabeherak kontatzen ditu *Sorstalanság* eleberrian. Testuari hoztasuna, atxikimendurik eza eta zinismoa darizkio, eta hori dela eta kritika gogorrak jaso ditu. Nobelaren ia amaieran, ordea, gaztea aitaren etxera itzultzen denean eta gertatutakoaz entzun edo hitz egin nahi ez duten bizilagunen arbuioarekin topo egiten duenean, kontakizunak bestelako tonua hartzen duen une bakanetako bat gertatzen da:

> Saiatu nintzen azaltzen [bizilagun bati] ez zela erru kontua, gauzak aitortu besterik ez zela egin behar, apal, zentzuz, ohoreagatik. Ezin zela, saiatu behar zutela ulertzen ezin zitzaidala hori guztia kendu, ezin zitekeela izan ni ez izatea ez irabazlea ez galtzailea, ezina zela ni ezertan zuzen ez egotea, ezertan oker ez egotea, ezinezkoa zela ezerk arrazoirik edo ondoriorik ez edukitzea, arren ulertzen saiatzeko, ia-ia erregutzen ari nintzaion, ezin nuela irentsi ni errugabe hutsa izan nintzelako pilula mingotsa [...] Baina ikusi nuen ez zutela inola ere ulertu nahi; beraz, poltsa eta txanoa hartu, hitz nahasi batzuk gehiago esan, keinu bat egin eta joan egin nintzen, besterik gabe, ahoskatzen ari nintzen esaldia amaitu barik [...] (Kertész, 2001: 260-261).

Paragrafo horrek zehatz jasotzen du biktimen patu bidegabea onartu zuen gizarte baten biktimenganako aitorpenik ezak sortutako sentimendu existentziala. Zer egin gure artean hori gerta ez dadin? Zer esan nahi du "biktimak aitortzeak"? Saia gaitezen horren funtsezko alderdi etiko batzuk aletzen.

Hasteko, zehaztu behar dugu zer ulertzen dugun biktimatzat ikuspegi etikotik:

> [...] beste gizaki batek, egitez edo ez-egitez, bidegabeki eragindako sufrimendua pairatu duen pertsona oro da biktima [...] Biktima izaera definitzen duten ezaugarriak, funtsean, bi dira: errugabetasuna eta pasibotasuna [...] Errugabetasunak esan nahi du biktimak ez duela merezi jasan duen biktimazio ekintza, ekintza horrek oinarrizko giza eskubideak zapaldu dizkiolako, duintasun pertsonala urratu diolako. Inork ez du merezi, ezta biktimagileak ere, eskubideak urratuko dizkion ekintzarik pairatzerik. Giza duintasuna bortxaezina bada, eta subjektuaren jardunarekin zerikusirik ez badu, ezin bada bortxatu egindako krimen edo basakeriagatik, orduan esan daiteke biktima oro errugabea dela biktima izanik [...] Pasibotasunak esan nahi du ez dugula geuk geure burua biktima egiten, baizik eta gure gogoz kontra egiten gaituztela biktima. Biktimagileak gure autonomia zapaltzen du. Hilketan pasibotasuna erabatekoa eta behin betikoa bihurtzen da [...] (Bilbao eta Sáez de la Fuente, 2023: 15 eta 16).

Gure artean badira ahaztutako biktimak (bereziki frankismoan eta trantsizioan), biktima ezezagunak eta garrantzi mediatikorik gabeak, eta halakotzat hartzen ez diren benetako biktimak; izan ere, batzuek oraindik ere arazoa dute Askapenerako Talde Antiterroristek (GAL) eragindako biktimak edo Estatuko Segurtasun Indarretako sektore jakin batzuek biktimizatu zituzten biktimagileak halakotzat hartzeko. Biktima horiek guztiek errekonozimendua merezi dute, eta horrek esan nahi du ez dugula hitz egin behar biktimen begiradaz edo ikuspegiaz (singularrean), baizik eta pluralean, aitortuz, haien esperientziak askotarikoak izan arren, denek ere biktimazio bidegabe baten ondoriozko izaera bera dutela.

BIKTIMAK AITORTZEA BIKTIMA HORIEK ERDIGUNEAN JARTZEA ETA HAIEN IKUSPEGIA ONARTZEA DA

Aurreko kontzeptualizazioak holokaustoaren ondoren egin zen gogoetan ditu sustraiak. Gure testuinguruan, Reyes Mate eta Etxeberria filosofoek, beste batzuen artean, biktimen ikuspegiaren zentraltasuna justifikatzen dute bidegabekeriazko eta giza eskubideen urraketazko edozein egoeratara etikoki hurbiltzeko orduan. Arrazoibide hauek ematen dituzte, besteak beste:

- Bidegabekeriaren auzian, autoritaterik handiena eta erreferentzia nagusia biktimena da, jasandako bidegabekeria gorpuzten dutelako eta horrekin gaitz morala erakusten digutelako.
- Biktimek balio berezia dute indarkeria modu kritikoan ulertzeko. Alde batetik, haien esperientziek errealitatearen zati bat argitzen dute, horrelako esperientziarik izan ez dutenentzat ezezaguna eta eskuraezina dena; haien lekukotzen bidez soilik irits gaitezke gertatutakoaren esanahiaren ideia bat egitera. Bestetik, herrialde bateko errealitatea, guk minez egiaztatzen dugun bezala, ez bada berdina biktimak egonda eta biktimarik egon gabe, haien begirada espezifikoa errealitatearen parte da, eta kontuan hartu behar da egiara iristeko. Era berean, haien begiradak aukera ematen digu gertatu den guztiaren artean zer ez zen inoiz gertatu behar bereizteko, hura deslegitimatzeko eta etorkizuneko balizko biktimazioak saihesteko.
- Esan dugu biktimak errugabetasuna eta pasibotasuna dituela ezaugarri. Bizirik irauten duena, berriz, ez dago nahitaez pasibotasun horretara mugatuta; aitzitik, erreakzio aktiborako aukera du eta sufritutako indarkeriaren biziraule eta erresistente bihurtu daiteke. Biktimen zentraltasuna onartzen dugunean, autonomia morala, beren egoeraren berri emateko gaitasuna eta beren egoerari erantzun egokiak bilatzeko argitasuna aitortzen dizkiegu. Guri dagokigu haien eskaerak eta aldarrikapenak abegikor hartzea.

Azken batean, "biktimen begirada" hartzeak benetako iraultza etikoa dakar, errealitatea beste modu batean ikusten baita, oso era desberdinean, biktimaren begiekin. Biktimen "begirada" ikuspuntu moral berritzat hartzeak alternatiba bat eskaintzen die errealitatea ikusle neutral eta sorgor baten jarreratik epaitzea eskatzen duten etikei. Ondorioz, bestelako ikuspuntu morala proposatzen dugu biktimen errealitatera hurbiltzeko: inpartzialtasun (ez neutraltasun huts) unibertsala (biktima guztiei irekia) eta errukitsua (ez soilik enpatikoa). Hau da, balio eta printzipio etikoen aldeko apustu batetik abiatuta hurbiltzea errealitatera, distantziakidetasunik eta anbiguotasunik gabe, haien urraketari aurre eginez datorren lekutik datorrela (gutarrengandik badator ere) eta pairatzaileak direnak direla (gure aurkariak badira ere).

Egia da Mendebaldeko historian inoiz ez dela egon biktimekiko gaur egun adinako kezkarik. Horretaz kezkatuta, egile batzuek (Girard, Bruckner) uste dute "biktimaren ideologia" problematikoa dagoela, eta horrek ondorio larriak dituela. Zehazki, Gigliolik, biktima "gure garaiko heroia" delakoan, honelakoak esaten ditu:

> Biktimaren prosopopeiak boteretsuak indartzen ditu eta mendekoak ahultzen. *Agencya* husten du. Oinazea betikotzen du. Erresumina ongarritzen du. Alegiazkoa koroatzen du. Identitate zurrunak eta sarritan fikziozkoak elikatzen ditu. Iragana ainguratu eta etorkizuna hipotekatzen du. Eraldaketa desadoretzen du. Historia pribatizatzen du (Giglioli, 2017: 109).

"Biktimaren kritika" horren aurrean, biktimaren zentraltasuna aldarrikatuta zera erakutsi nahi dugu: biktimen ikuspegia hartzen duen diskurtso etikoak ez dituela boteretsuak indartzen (ez, behintzat, indarkeria erabiltzen dutenak eta bidegabekeria praktikatzen dutenak), eta bai, aitzitik, biktimak indartzen; biktimak erreibindikatzen dituela, hain zuzen ere, rol aktibo eta moralki autonomoa izan dezaten; eta identitate zurruna aitorpen akatsa dela; izan ere, biktimak gaitasun kritiko handia du gizartearen errealitatearekiko, eta gaitasun horrek errealitatea irizpide berriekin eraldatzera bultza dezake. Hala ere, Giglioliren

ohartarazpen horiek kontuan hartzekoak dira; izan ere, ez ditu biktimen ikuspegitik egindako diskurtso guztiak errotik deskalifikatzen eta arrisku nabarmenak daudela ohartarazten digu. Arrisku horiek, ordea, gainditzeko edo saihesteko modukoak dira, eta horretan irmo ahalegindu beharra dago. Biktimen ikuspegia hartzeak ezin gaitu eraman haien lekua hartzera –akats handia litzateke–, eta are gutxiago geure burua biktimatzat hartzera biktima izan gabe, edo haien sufrimendua manipulatzera ustezko printzipio moralak direla eta.

BIKTIMAK AITORTZEA HAIEKIN SENTITZEA DA

Biktima askok adierazi dute, atsekabez, gizartea ez dela behar bezain sentibera izan haien minarekiko. Kexu dira, adibidez, agintari politiko batzuek "izotzezko bihotzak" dituzten pertsonen irudia transmititzen dietelako, baita beren herrikideek "kristalezko izakiak" balira bezala tratatzen dituztelako ere: izotza (hotza, sentikortasun galera, gogortasuna, bizitzarik eza...) eta kristala (ikusezintasuna, izaterik eza, hauskortasuna...) hitzek sentimendurik eza baino ez dute adierazten. Terrorismoaren biktimen ustez, bihozgabetasun hori gizartearen erantzungabezia handia da. Eta biktimei behar bezala erantzuten ez dien gizartea gizarte patologikoa da, moralki gaixoa.

Zein da gure gaixotasuna, gure patologia? Hain zuzen ere, gure sentimendua, biktimekiko sentiberatasuna, okerra, desegokia izan dela. Gehienak "idiota moralak" gara (Bilbeny, 1993), geure emozioen pribatutasunean bakartuta bizi gara; erabateko besteen, biktimen sentimenduak aintzat hartu gabe eta gure portaerek haiengan dituzten ondorio eta inplikazioekiko sorgor. Biktimen kontuan, bada garaia etikatik aldarrikatzeko, sinesmen eta jokabide zuzenekin batera, sentimendu zuzenak ere behar ditugula. Tradizio etiko klasikoak ere azpimarratzen zuen gizalegea "behar bezala pozteko eta mintzeko gaitasunean" datzala (Aristoteles, 1985: 1104b 10). Beraz, zeregin eskerga dugu aurrean: gure "gizalege sentimentala" lantzea herritar garen aldetik, gai izan gaitezen

biktimez eta biktimekin errukitzeko, haiekin eta haiek bezala sentitzeko, haien ikuspegia geure egiteko.

Zoritxarrez, ez diogu arreta berezirik jarri horri. Biktimen sufrimendua eta haren aurrean sentitzen dugun lotsa eta erantzukizuna gure sentimendu moralen eragileak eta eraldatzaileak dira, eta, aldi berean, aparteko esanahia ematen diete biktimak aitortzeko ekintzei. Kontua ez da soilik biktimen sufrimenduaren aurrean poztasun sentimenduak –zoritxarrez, gure artean maizegi gertatu dira– saihestea; baizik eta, era positiboan, haiengatik eta haiekin mina sentitzea, egiazki eta biziki, eta biktimekiko sentiberatasunik eza, apatia, axolagabekeria eta hoztasuna atzean uztea.

BIKTIMAK AITORTZEA GOZATZEKE DITUZTEN ESKUBIDEAK AITORTZEA DA: EGIA, JUSTIZIA ETA ERREPARAZIOA

Giza eskubideen nazioarteko legerian benetako eskubide gisa esplizitatu ez bada ere, asko aurreratu da erreparazioa biktimen eskubide gisa ulertzeko eremuan, egiarako eta justiziarako eskubideekin batera; izan ere, eskubide beregainak badira ere, oinarrizko eskubideen urraketa sistematikoko egoerak gainditzeko gero eta lotuago eta beharrezkoagotzat jotzen dira.

Egiarako eskubideak, alde batetik, benetan gertatutakoa behar bezala eta zehatz ezagutzea eskatzen du (gertatutako giza eskubideen urraketak, urraketen eragile aktiboak eta pasiboak, erantzuleak, inguruabarrak, etab.), eta, bestetik, biktimei biktimaren errekonozimendu publiko eta ofiziala ematea. Baina horrekin baloraziorik gabeko datu hutsak baino ez dira lortzen. Biktimak aitortzeko, egia faktiko hori egia moralarekin osatu behar da, hau da, indarkeriazko ekintzek pertsonen duintasunean dituzten ondorio suntsitzaileak erakusten dituen egiarekin (Etxeberria, 2014). Beraz, biktimaren aitorpen etikoak urratu zitzaion duintasuna aitortzea dakar. Horrela, egiarako eskubidea estuki lotuta dago Estatuak eta gizarteak memoria egiteko duten betebeharrarekin eta biktimek duten memoriarako eskubide korrelatiboarekin.

Justiziarako eskubideak aitorpen zabala du nazioarteko eremu juridikoan, eta horrek esan nahi du estatuek sare judizial bat izan behar dutela giza eskubideak urratzen dituzten ekintzak salatu, ikertu, epaitu eta zigortzeko, ahal den neurrian zigorgabetasunik gerta ez dadin.

Erreparaziorako eskubideak jarduketen prozesu integral bat behar du, biktimek behar den arreta har dezaten eta eskubideen urraketak eragindako kalteen ordaina jaso dezaten. Justizia erreparatzailea da, hau da, biktimak gizartera itzultzen dituena, biktimazio ekintza bidegabearen ondorioz gizartetik baztertuta egon ondoren. Erreparazio hori egiteko moduak bat baino gehiago dira: ahal denean, urraketaren aurreko egoerara *itzultzea* (ondasunak itzultzea, ohiko bizilekura itzultzea, askatasuna berreskuratzea...); jasandako kalteen araberako *kalte-ordain ekonomikoa* ematea; *errehabilitazioa* (laguntza mediko, psikologiko, juridiko eta sozialen bidez), ondorioak gertatu diren kasuetan; *satisfakzioa*, biktimak eta haien memoria publikoki aitortzen dituzten neurri sinbolikoen bidez; eta, azkenik, *berriro ez gertatzeko bermeak*, halako urraketarik etorkizunean berriro jazo ez dadin. Aurrerago ikusiko dugunez, literaturaren ekarpena azken bi erreparazio modu horietan zentratzen da bereziki.

BIKTIMAK AITORTZEA SUBJEKTU ETA ERREFERENTE POLITIKOTZAT ONARTZEA DA

Batzuek aitorpen morala, soziala eta materiala egitea beharrezkoa dela uste badute ere, biktimei legitimitatea ukatzen diete gure herrialdeko bake prozesuan eta bizitza politikoan inolako zereginik eta protagonismorik hartzeko. Ikuspegi etikotik, berriz, uste dugu biktimak aitortzeak *protagonismo politikoa* ematea ere badakarrela, ez bakarrik haien onerako, baita gizarte osoaren mesederako ere. Ez da nahikoa (sentimentalki) bestearen lekuan jartzea, (politikoki) besteari leku bat egin behar zaio. Guztiz inkoherentea litzateke terrorismoari esanahi politikoa eman diotenek, gatazka politiko baten adierazpen —onartezin— gisa, jardun terroristaren biktimei esanahi hori ukatzea.

Biktimak subjektu politikoak dira, eta eztabaida publikoan askatasunez eta tutoretzarik gabe esku hartzeko eskubidea dute. Lau hamarkadatan ETAk zortziehun pertsona baino gehiago erail izanak, euskal aberri independente baten izenean, Euskadiren etorkizun politikoa taxutu eta oztopatuko du halabeharrez. Etorkizunean, begi-bistako arrazoiengatik, biktimek leku bat izan behar dute; dena dela, haien proposamen politikoek ez dute proposamen horiek justifikatzen dituzten arrazoiek baino balio handiagorik. Hau da, biktimek entzun beharreko arrazoiak dituzte, baina horrek ez du esan nahi arrazoia dutenik. Hori bai, biktimak ez garenon proposamenek balio eta zilegitasun etiko handiagoa hartzen dute haiekin solidarioak badira.

2. BIKTIMEN AITORPENAREN PATOLOGIAK

Aurreko orrialdeetan, biktimak aitortzearen garrantzia eta beharra azpimarratu dugu, baina edozein aitorpenek ez du balio. Ikuspegi etikotik, badira aitortzeko modu desegokiak, aipatu ditugun irizpideak betetzen ez dituztelako. Hau da, ez da nahikoa pertsona bat biktima dela esatea, argi geratu behar da biktimazioa bidegabea izan zela, ez zuela merezi, bidegabeko sufrimendua eragin ziola eta sinbolikoki eta materialki erreparatu behar dela. Izan ere, aitorpen txar batek "bigarren biktimazioa" dakarkie biktima askori. Hiru "patologia" aipa ditzakegu (Gantxegi, 2017), aitorpen txar hori adierazteko modurik ohikoenak laburbiltzen dituztenak:

a) *Aitorpen begirune gabea*. Biktimen errugabetasuna eta pasibotasuna ezkutatzea edo ez onartzea da. Hori hainbat modutan egin daiteke:

- Baztertuz: errudunak direla eta jasandako bidegabekeria merezi dutela iritzita, biktima izaeratik kanpo uzten dira. Biktima horiek ez dira halakotzat hartzen norberarenarekin kidetasun ideologiko edo politikorik ez duen kolektibo bateko kide direlako. Bazterketa hori agerian geratzen da pertsona batzuek honelakoak esaten dituztenean: "zeozer egingo zuen", "soldatan zihoakion" edo "nabarmentzeagatik gertatu zaio".

- Zenbakituz: zenbaki huts bihurtzen direnean, biktimak despertsonalizatu egiten dira eta haien esperientzien berezitasunak ezkutuan geratzen dira. Hori gertatzen da, adibidez, atentatu lazgarri baten ostean, eraildako edo zauritutako pertsonen kopurua bakarrik aipatzen denean.
- Hautatuz: arreta norberarengandik hurbilen dauden biktimengan bakarrik jartzen denean, norberaren errealitatetik urrunago daudenak ahaztu egiten dira. Izan ere, biktima asko daude, eta oroimena eta bihotza ez dira gai biktima guztiak oroitzeko eta errukiz hartzeko. Hortaz, gertukoenak aitortzeko joera dugu eta geure errealitatetik urrutiago sentitzen ditugunak ahaztekoa.
- Deshumanizatuz: giza ezaugarriak ezabatuz eta animalia gisa irudikatuz ("pizti odolzaleak", "txakurrak", "arratoiak"...), edo gauzak balira bezala ("oztopoak") edo helburu jakin bat lortzeko tresna hutsak balira legez ("albo-kalteak", "beharrezko bitartekoak").

b) *Okerreko aitorpena*. Biktimen errugabetasuna eta pasibotasuna, hots, biktimen berezko ezaugarriak, kontuan hartzen dira, baina ez dagozkienei esleitzen zaizkie. Hori ere hainbat eratara egiten da:

- Biktimagilea biktima bihurtuz, hari egotziz errugabetasun eta pasibotasun ezaugarriak, haren jarduna justifikatzeko edo erantzukizuna kentzeko. Adibidez, biktimagilearen indarkeria Estatuaren ustezko egiturazko indarkeriari erantzuteko indarkeria baino ez dela defendatzen denean, edo beste aukerarik ez zegoela esaten denean.
- Biktima izaera subjektu ez-pertsonal bati esleituz. Adibidez, ustez biktimizatua izan den kolektibo bati buruz hitz egiten denean (herria, aberria, gizarte osoa, etab.) eta bidegabeki sufritzen duten pertsona zehatzen esperientzia lausotuta geratzen denean.
- Sufritu duen pertsona bat biktimatzat hartuz, kontuan hartu gabe sufrimendu hori bidezkoa edo bidegabea den,

hau da, pertsona hori errugabea eta pasiboa izan den sufrimendua eragin dion horretan. Hori gertatzen da, adibidez, ETAko preso guztiak biktimatzat hartzen direnean, torturak pairatu dituztenen —orduan, biktimarioa izateaz gain, biktima ere badira— eta torturarik pairatu ez dutenen artean bereizi gabe.

- Biktimismoa erabiliz, hau da, pertsona batek biktima izan gabe biktimatzat agertzen duenean bere burua, etikoki gaitzesgarriak diren asmoekin, hala nola zilegi ez diren abantailak lortzeko.

c) *Aitorpen murriztailea*. Aitortzen da biktimari duintasuna urratu zaiola bidegabe, baina pertsona horren identitate osoa hauskor eta kaltebera bihurtu zuten iragan hartan gertatu zitzaionera mugatzen da eta ez da aitortzen biktima askok gertakari haietatik biziraun dutela, beren autonomia eta ekiteko gaitasuna berreskuratu dutela, bizitza sozial eta politikoan protagonismoa hartu dutela eta, etorkizunean pentsatzean, beren burua berrirudikatzeko gai direla. Aitorpen murriztailea desegokia da, pertsona biktima egoeran finkatzen duelako eta egoera horretatik ateratzeko eta identitate aberats eta konplexua duen gizaki moduan ikusia izateko aukera ukatzen diolako. Hori gertatzen da, adibidez, biktimen aurrean jarrera paternalistak hartzen direnean edo politikan parte hartzeko ezgaitzen direnean, biktima esperientziaren ondorioz traumatizatuta daudelakoan. Planteamendu murriztaileari errotik aurre eginez, Etxeberriak (2012: 226) dio aitorpen egokia bi elementuren arteko sintesia dela

> [...] gertatutakoaren memoria ona —zeinak ahanzturari aurre egiten dion, baina baita iraganean finkatzeari ere, identitatea harrizko egiten baitu— eta, justizian eta etorkizunerako sormenean oinarrituta identitate hori berreraikitzen duen agintzari ona.

Memoria —eta bereziki biktimena— ez da iraganeko kontua soilik, denboraren hiru dimentsioak inplikatzen ditu. Egia esan, memoria iraganera hedatzen da eta harekin lotuta dago, baina

baita orainarekin eta etorkizunarekin ere: memoriatik, iragana gogora daiteke modu kontzientean eta egiazkoan, oraina kritikatu daiteke justizia eskatuz eta etorkizun askeago eta solidarioago bat eraiki daiteke itxaropentsu. Gure esku dago zeregin hori aurrera eramatea biktimen aitorpen sozial egokiaren bidez.

TAULA 1

EUSKADIN MOTIBAZIO POLITIKOKO INDARKERIAREN BIKTIMEN AITORPENEAN GERTATZEN DIREN PATOLOGIAK

AITORPENAREN PATOLOGIAK	*Begirune gabea* Biktimaren ezaugarriak (errugabetasuna eta pasibotasuna) ezkutatzea/ ez onartzea.	Bazterketa: erruduna dela eta jasandako bidegabekeria merezi duela pentsatzea ("zeozer egingo zuen", "soldatan doakio").
		Zenbaketa: biktima zifra batera murriztea, haren esperientzia ikusezin bihurtuz.
		Hautaketa: batzuei (hurbilen sentitzen direnei) besteei baino arreta handiagoa ematea.
		Deshumanizazioa: · Animalizatzea ("piztia odolzalea", "txakurra"). · Bitarteko gisa erabiltzea. · "Alboko kaltetzat" hartzea.
	Okerrekoa Biktimaren ezaugarriak biktima ez denari esleitzea.	Kategoriak trukatzea biktimaren eta biktimagilearen artean: lehena erruduntzat jotzea, eta bigarrena errugabetzat.
		Bidegabeko orokortzea: ustez biktimizatutako kolektibo bati (aberria, herria, etab.) esleitzea biktima izaera eta, hartara, pertsona zehatzen biktima izaera lausotzea.
		Karakterizaziorik gabeko sufrimendua: sufritzen duen edozein pertsona biktimatzat hartzea sufrimendu hori bidegabea ala bidezkoa, nahita eragindakoa ala zoriaren ondorio den kontuan hartu gabe.
		Biktimismoa: norbaitek bere burua biktimatzat hartzea, biktima izan gabe, engainatzeko edo onuraren bat lortzeko helburuarekin.
	Murriztailea Biktimaren identitatea kaltebera eta bidegabekeria baten kaltetua izatera mugatzea.	Biktima den subjektua izaera horretara mugatzea, eta haren autonomia, erresilientzia eta ekiteko gaitasuna ukatzea.

Iturria: Gantxegi (2017).

ARIKETA 1

Ekarri gogora ezagutu duzun edo aipatu dizuten biktima bat. Bat ere bururatzen ez bazaizu, galdetu senitartekoren bati edo gertuko pertsonaren bati. Eta inolako erreferentziarik ez baduzu, bilatu indarkeriaren biktimei buruzko udal erretratuetan (https://lc.cx/9uWQ_i).

- Zer dakizu biktima horri buruz? Nola gertatu zen haren biktimizazioa?
- Gogoratzen duzu zer esaten zen hari buruz edo zer esaten zenuen zuk zeuk? Nola tratatu zituzten bera edo haren senideak gertaera biktimizatzaileak pairatu aurretik eta ondoren? Zure jarrera oinarritzeko, kasuaren erreferentziak bila ditzakezu komunikabideetan.
- Oroitzapen horietako batzuk zenbateraino datoz bat biktimaren ikuskera etikoarekin eta haren aitorpenarekin?
- Antzematen al dituzu iruzkin batzuetan edo biktimari ematen zitzaion tratuan aipatutako aitorpen patologiak, ala, alderantziz, eskuarki onartzen ziren patologiei aurre egiteko eta biktima aitortzeko ahalegina ikusten duzu?

3. NARRATIBA LITERARIOA, BIKTIMAK HUMANIZATZEKO ETA AITORTZEKO ESPERIENTZIA GISA

> "[...] liburuek pribilegio magikoa ematen digute aspaldi itzali ziren ahotsak entzuten jarraitzeko, inoiz joango ez garen lekuak bisitatzeko eta nolako aurpegia eta bizimodua duten ez dakigun gizon eta emakumeekin gertu-gertutik hitz egiteko. Haiek, liburuek, bizitza handitzen digute".
>
> L. García Montero eta A. Muñoz Molina, *¿Por qué nos es útil la literatura?*

Atal honetan narratiba literarioak bidegabeki tratatutako biktimen aitorpenean duen funtzio humanizatzailea azalduko dugu. Testu literarioen irakurketak ez du bertute etikoen garapena bermatzen, baina lagundu dezake ankerkeriari eta basakeriari aurre egiten, bestearen begiradari adi dauden zentzu berriak asmatzen baititu, haren sufrimenduaz axolarik ez duen mundu batean.

Sarritan, literaturako irudikapenek garai bakoitzeko eta kultura desberdinetako leku komunak, esparru moralak eta zentzu unibertsoak erakusten dituzte (Martínez Contreras, 2002; Camps, 2011). Literatura lanak dei egin diezaioke irakurleari errealitatea deskribatu zaion bezala uztera edo gogoeta kritikoa egitera, mundu hobe batean pentsatzeko.

Narratibek mundua eta gatazkak ikusteko eta ulertzeko eta haiei erantzuteko modu ugari aurkezten dizkiote irakurleari eta balioa ematen diete pertsona desberdinen esperientziei. Bizitzaren gaineko zentzu horien guztien aurrean, irakurleak gertatuari buruzko hainbat aukera azter ditzake, bai eta etorkizuna eraikitzeko beste proposamen batzuk ere (Martínez Contreras, 2002). Ikusmiren zabaltze hori bi egoeratan gertatzen da: batetik, literatura testuak ezagutzen ditugun errealitateei buruz hitz egiten duenean, baina errealitate horietara beste ikuspegi batzuetatik hurbiltzen gaituenean, eta, bestetik, obra pertsonalki bizitzeko

aukerarik izan ez dugun gertaerei buruzkoa denean; azken kasu horretan, kontakizunaren esperientzia da errealitate horretara iristeko modu bakarra.

Horrela, literaturak gure identitatea etengabe bilatzen eta berreraikitzen lagundu diezaguke. Bruner-ek dioenez (1996), pertsonok beste batzuek egiten dizkiguten narrazioen bidez ezagutzen dugu mundua eta bertan dugun lekua. Horrela eraikitzen dugu gure identitatea, narrazio horiek geure eginez eta geure buruaz egiten ditugunekin batuz. Ricoeur-en hitzetan: "Norberaren bizitzaren historia etengabe berrirudikatzen da nork bere buruaz kontatzen dituen egiazko edo fikziozko istorio guztiekin. Berrirudikapen horren ondorioz, norberaren bizitza kontatutako istorioen ehuna da"(2009: 998).

Bestalde, identitate narratiboa denboran eta beste batzuekin alderatuta eraikitzen bada, lagungarria izan daiteke haiengandik banatzen gaituzten hormak eraisteko, enpatiarako eta aitorpenerako dugun gaitasuna indartuz. Nussbaum-ek deskribatzen duenez, imajinazio narratiboko prozesu baten emaitza da. Prozesu horrek mundua bestearen ikuspegitik, asmoetatik, testuingurutik eta egoera partikularretik ulertzea ahalbidetzen digu. Horrek esan nahi du parentesi artean utzi behar ditugula, une batez behintzat, gure inguruabar espezifikoak, gure aurreiritziak eta gure ideologia zehatza, besteen errealitateak ulertzen saiatzeko. Imajinazioa narratiboa:

> Beste pertsonaren lekuan egotea nolakoa izango litzatekeen pentsatzeko gaitasuna esan nahi du, pertsona horren historiaren irakurle adimentsua izatea, eta horrelako pertsona batek izan ditzakeen emozioak, nahiak eta irrikak ulertzea. Imajinazio narratiboa ez da zentzu kritikorik gabea; izan ere, geure izate propioarekin eta geure iritziekin hurbiltzen gara bestearengana; eta nobela bateko pertsonaia batekin edo urruneko pertsona batekin identifikatu eta haren bizitza imajinatzen dugunean, ezinbestean ez gara identifikatzera mugatuko, istorio hori geure helburu eta nahien argitan epaituko dugu. Baina mundua bestearen ikuspegitik ulertzeko lehen urrats hori funtsezkoa da edozein iritzi arduratsu emateko, ez baitugu

> jakingo zer epaitzen ari garen ekintzaren esanahia ekintza hori egin duen pertsonaren asmoa aintzat hartuta ikusten ez badugu, [...] pertsona horren historiaren eta mundu sozialaren testuinguruan adierazten duenaren garrantzia ezagutzen ez badugu (Nussbaum, 2012: 30).

Ildo beretik, Ricoeur-ek adierazi du narratiba literarioen irakurketa bi estrategiaren arteko borroka dela: idazleak narratzaile moduan egiten duen sedukzioaren eta irakurle zelatariak duen susmoaren artekoa. Horrela, irakurlea bere izaera eraikitzen edo birmoldatzen doa, narratibek agerian jartzen dituzten ideia eta balioekin identifikatuz edo haietatik urrunduz.

Deskribatu ditugun ezaugarri horiek garrantzi berezia dute indarkeriazko gertaerei eta haien biktimei buruzko narratibei buruz ari garenean; izan ere, indar adierazkor eta eragiteko gaitasun handiz kontatzen dute pertsona bati zer gertatzen zaion biktimazio ekintza bat pairatzen duenean. Askotan, narratiba horiek probokazio kritikoa eta ikasbide moral oso garrantzitsua eskaintzen dute; izan ere, indarkeriaren existentzia eta haren ondorioak ezagutarazteaz gain, indarkeriari aurre egiten ere irakasten dute, mundua ikusteko modu berriak eskaintzen dituzte eta horrek gauzak beste modu batera izan zitezkeela eta, beraz, izan litezkeela irudikatzea ahalbidetzen du.

Bi kontakizun mota bereizi behar dira: biktimek eurek modu autobiografikoan sortutakoak eta biktima izan ez direnek egindakoak. Era batera edo bestera, bi kasuetan, biktimen ikuspegiaren inguruko narratibek protagonismoa itzultzen diete biktimei eta beren identitatea berreraikitzen laguntzen diete.

Mèlich-ek (2010, 2011) hiru ezaugarri ikusten dizkio biktimak ardatz dituen literatura mota horri, haien esperientzietara modu etikoan hurbiltzeko ezinbesteko direnak: *singulartasuna*, *alteritatea* eta *anbiguotasuna*. Literaturak *singulartasuna* eransten dio etikari, pertsonaia zehatzak deskribatzen dituelako izen eta abizenekin, hezur-haragizko izaki egiten dituelako eta, hartara, haiekin erlazionatu gaitezkeelako. Literaturak *alteritatea* erakusten du, nagusi diren diskurtso sozial, politiko eta moraletan kontuan hartu ez diren biktimak irudikatzeko eta aitortzeko joera

duelako. Bestalde, testu literarioa anbiguoa da, hau da, era askotara interpreta daiteke. *Anbiguotasun* horrek agerian uzten du, gertaerak atzeraezinak diren arren, gertatu zenaren zentzua ez dagoela behin betiko finkatuta. Eleberrietan agertzen diren pertsonaiek bizipen eta egia desberdinak dituzte. Horregatik, irakurketak interpretazio desberdinak eta are kontrajarriak egiteko aukera ematen du. Horrek gatazken konplexutasuna ulertarazten digu, baina, ikuspegi etikotik, interpretazio desberdinak modu kritikoan berrirakurri behar dira, biktimei zor zaizkien aitorpen, justizia eta zaintza printzipioetan oinarrituta.

Testu literario bat aurrez aurre dugunean, interpretatu egiten dugu. Horretarako, bi baldintza bete behar dira. Lehenbizikoa da haren nolabaiteko ezagutza izatea, hau da, testua guztiz arrotza eta ulergaitza ez izatea guretzat. Norberaren tradizioek interpretazio prozesua baldintzatzen dute, ulerkera marko moduan funtzionatzen dutelako. Norberaren tradiziorik gabe, ezinezkoa litzateke ezer interpretatzea. Hala ere, tradizioek mugak eta bizioak ere ezar diezazkiokete interpretazioari, eta, horregatik, gogoeta kritikoa egin behar da haien gainean. Interpretaziorako bigarren baldintza da testuak berritasunen bat ekartzea eta nolabaiteko harridura eragitea, lehen ulertzen genuenetik harago joatera bultzatu gaitzan. Fikziozko biktimazioei buruzko testuak berritzaileak izan daitezke, dela kontatzeko moduagatik, dela aurreiritziak hausteko edo irakurlea hunkitzeko eta deseroso sentiarazteko duten gaitasunagatik. Azken batean, jakin-mina, zalantzak eta urduritasuna eragiteko gai izan behar dute, elementu horiek beharrezkoak baitira irakurlearengan iritzi kritikoa pizteko. Camps-en hitzetan:

> Filosofiak, literaturak, arteak, musikak, aparteko birtualtasuna dute gu zur eta lur uzteko, dena argia zirudien lekuan nahastea ereiteko, ezezagunarekiko jakin-mina pizteko, besteen adierazpenei balioa emateko. Hitz batean, sinplea izan ezin den existentzia batean —gizatiarra izanik ezin sinplea izan— konplexutasuna sartzeko (2016: 16).

Alabaina, testu batzuen aurrean berez sentitzen dugun harridura hori hausnartu egin behar dugu; izan ere, zenbait egoeratan

gure aurreiritzien ondorio izan daiteke harridura hori, aurreiritziek ulermenerako oztopo gisa funtzionatzen baitute. Adibidez, irakurlea istorioko biktimagilearekin erabat identifikatzen bada, zaila izango zaio biktimaren esperientziaren zentzua ulertzea. Baina identifikazioa erabatekoa ez bada, baliteke biktimazioari buruzko zalantzak edo galderak sortzea eta, hala, biktimazioa etikoki eta kritikoki ulertzeko bidean aurrera egitea (Bilbao eta Etxeberria, 2005).

ARIKETA 2

Identifikatu indarkeriazko gatazkei buruzko eleberri bat edo bi, edozein testuingurutakoak, duela gutxi irakurri dituzunak edo bereziki gustatu zaizkizunak:

- Zerk erakarri zintuen eleberri horietan? Gogoratzen al duzu zer izan zen ezaguna zuretzat eta, ondorioz, zure interpretazioa erraztu, eta zer berri edo arrotz, eta zure arreta erakarri?
- Gogoan duzu ea eleberri hori(ek) irakurtzeak gai jakin bati buruz zenituen ideia edo iritzi batzuk aldarazi zizkizun?
- Identifika zenezake nobela horretan/horietan Mèlich-ek literatura mota horri egozten dizkion ezaugarriak agertzen diren: partikulartasuna, alteritatea eta anbiguotasuna?

4. BIKTIMEK ETA INDARKERIAK EUSKAL NARRATIBA LITERARIOAN DUTEN ISLA DESBERDINA ETA POLEMIKOA

Euskadin, asmo politikoko indarkeriaren eta haren biktimen inguruko literatura ekoizpena nabarmen handitu da azken hamabost urteetan, eta formatu ugari erabili dira, hala nola eleberriak, komikiak, ipuinak eta antzezlanak. Ziur aski produkzio hazkunde hori ETAk 2011n indarkeriazko ekintzak etetearekin eta 2018an desegitearekin lotuta dago. Lehen ere baziren ehundik gora eleberri "La Cosa"ren ingurukoak, Iban Zalduak (2012) "euskal gatazka" deiturikoa aipatzeko erabilitako eufemismoa. Ekoizpen horrek ez du polemika faltarik izan, dela lana idatzi zen hizkuntzagatik, dela irudikatzen zuen unibertso sinbolikoagatik, dela egileek defendatu nahi izan zituzten tesiengatik, dela sorlanak argitara atera ondoren jaso zituzten presioengatik.

Alde batetik, euskaraz idatzitako eleberriek etakideari eman ohi diote protagonismoa, eta neurri askoz txikiagoan jartzen dute arreta ETAren biktimen ahotsean (Olaziregi, 2017). Gaia euskaraz landu duten ehun bat eleberrietan, helburua da pertsona batek zergatik aukeratzen duen terrorea ikertzea, nolakoa den terroristaren burua. Hori dela eta, Lasagabaster (1990) literatura kritikariak uste zuen euskal literatura errealitate asaldatuari bizkarra emanda bizi zela, ez zituelako islatzen ETAren terrorismoaren drama eta sortzen zituen biktimak. Kontrakoa gertatzen da gaztelaniaz idatzitako narratiban. Ia beti ETAren indarkeriaren

biktimei erreparatzen die, eta ia ez ditu gainerako biktimak ikusarazten edo aintzat hartzen, alegia, terrorismoaren aurkako borrokak sortutakoak (borroka hori, poliziaren abusuen ondorioz, legez kontrako indarkeria denean eta giza eskubideak urratzen dituenean) eta ETAren aurkako borrokan talde terroristek sortutakoak.

Joera orokor horren aurrean, salbuespen aipagarri batzuk daude bi hizkuntzetan. Hernández Abaituaren *Etorriko haiz nirekin?* eleberria (1991) ETAren terrorismoa eta ETAren aurkako terrorismoa erabat kritikatu zituen euskarazko lehen eleberrietako bat izan zen. Lertxundiren *Zorion perfektua* nobelak (2002) ETAko kideengan soilik arreta jartzeari utzi eta inguruko beste pertsonaia batzuk sartu zituen, indarkeriazko gatazkarekin zuzenean lotuta ez zeudenak baina, hala ere, bertan eta nolabait inplikatuta zeudenak. Aipatzekoa da nola kontatzen duen nerabe batek ETAren atentatu baten lekukoa izanda hartzen duen astindua. Muñozen *Bizia lo* kontakizun liburua (2003) biktimen ikuspegia hartzen duten lanen beste adibide bat da. Biktimen zentraltasunaren aitorpena Goikoetxearen *Herriak ez du barkatuko* (2021) lanean ere ageri da. Arestian gaztelaniara itzuli zen *El pueblo no perdonará* (2023) izenburupean. Aurrerago aztertuko dugu. Gaztelaniaz argitaratutako literatura lanen artean, ETAk eragindakoak ez diren biktimak aintzat hartzen dituzten salbuespenak ere badaude, hala nola Verónica Portellen *Y sin embargo, te entiendo* (*Eta, hala ere, ulertzen zaitut*) (2006), edo Fernando Aramburuen *Patria* (2016). Azken horretan, egileak ETAren biktimen aldeko eleberria idatzi duela aitortu duen arren, poliziaren gehiegikeriei eta torturei lekua ematen die.

5. BIKTIMEN AITORPENEAN GERTATZEN DIREN PATOLOGIEN ISLA BI LITERATURA LANETAN

Atal honetan, gorago egin ditugun planteamendu kontzeptualak bi literatura lanen azterketan aplikatuko ditugu. Saiatuko gara erakusten nola islatzen dituzten narratiba horiek aitorpen patologiak pertsonaien usteetan eta haien arteko harremanetan. Horrela, patologia horiek deuseztatu nahi ditugu, biktimen benetako aitorpena lortzen laguntzeko.

Euskadiko idazleek idatzitako fikziozko bi literatura lan aukeratu ditugu: Irati Goikoetxearen *Herriak ez du barkatuko* (2021) eta Fernando Arambururen *Los peces de la amargura* (2006). Biek ere ematen diote leku nagusia asmo politikoko indarkeriaren biktimen ikuspegiari, eta haiek pairatutako aitorpen patologia ugari jasotzen dituzte. Gaztelaniaz idatzitako edo gaztelaniara itzulitako lanekin lan egin nahi izan dugu, euskaldunak ez diren pertsonek ere irakurtzeko aukera izan dezaten. Gainera, luzeak ez diren liburuak aukeratu ditugu: lehenengoa, Goikoetxearena, 200 orrialdetik beherako eleberria da; bestea, Arambururena, bereizita irakur daitezkeen kontakizun laburren bilduma da.

Lan bakoitzerako, egilearen testuinguratze labur bat eta edukiaren laburpen bat egingo ditugu. Ondoren, bereziki esanguratsuak diren pasarte batzuk hautatuko ditugu. Pasarte horietan parte hartzen duten pertsonaiek biktimen aitorpen patologia desberdinak erakusten dituzte beren ideiekin eta harremanekin eta,

hala, indarkeriaren zentzugabekeria beren haragian bizi izan dutenak birbiktimizatu egiten dituzte.

HERRIAK EZ DU BARKATUKO, IRATI GOIKOETXEA

Herriak ez du barkatuko (2021) eleberria jatorriz euskaraz argitaratu zen eta handik bi urtera gaztelaniara itzuli zen *El pueblo no perdonará* (2023) izenburupean. Lan honek sentsibilitate handiz eta hizkera poetikoa erabiliz aztertzen du indarkeria terroristaren gai korapilatsu eta mingarria, biktima kontakizunaren ardatzean jarriz. Goikoetxeak argi zuen bere lehen eleberrian giza eskubideak urratu zaizkien pertsonek pairatzen duten mina ikusarazi nahi zuela. Elkarrizketa batean adierazi zuenez, "biktimek erabateko bakardadea aipatzen dute eta horrek are sakonagoa egiten du mina. Bihotz-erdiragarria da haiei entzutea. Irakasgai bat gainditu gabe dugu haiekiko" (Barcenilla, 2023).

Euskarazko bertsioan, egileak Ekaitz Goikoetxearen bertso batzuekin irekitzen du eleberria, eta hona ekarriko ditugu argi eta garbi erakusten digutelako mina ikusarazita eta aitortuta baino ez dugula lortuko min hori erreparatzea eta bizikidetza baketsua eraikitzea:

Minari erreparatuz
erreparatzen da mina,
ta elkarbizitza zer den
izan dezagun gogoan
elkarrekin bizitzea
ta ez elkarren ondoan.

Eleberriko protagonistak Oihana du izena. ETAk duela hogeita bi urte hil zion aita, hemeretzi urte zituela, pertsonaren nortasun heldua eratzen ari den unean. "Oraindik ez dakit ni zer naizen aita hil zidatenetik" (45. or.) dio protagonistak. Oihanaren zauriak irekita jarraitzen du, baina min hori bakardadean bizi izan du urte hauetan guztietan, eta ez du horretaz inorekin hitz egiten.

Sufrimendu hori lurperatzen saiatzen den arren, bi seme-alabek, hamalau urteko Lukasek eta bost urteko Kattik, aitonari buruz egiten dizkioten galderek barrua nahasten diote. Badaki horretaz hitz egiteak on egingo liekeela denei, baina ez da gai sentitzen. Egun batean, Santiren ustekabeko deia jasoko du. Santi antropologoa da eta hainbat biktimaren lekukotzak ikertzen eta jasotzen ari da. Berarekin biltzea proposatzen dio Oihanari, aitari buruzko galdera batzuk egiteko. Orduan, protagonistak bi hamarkada baino gehiagoz bahituta eduki duen mina askatu beharko du.

Eleberria hiru zatitan garatzen da. Lehenengoan, istorioaren korapiloa erakusten da, Oihanaren bizitza betiko markatuko duen gertaera, ETAk beraren aita hil izana. Beste bi zatietan, protagonista mina kudeatzen eta askatzen saiatuko da, eta, horrekin batera, hainbat gai sortuko dira: bakardadea, abandonua, axolagabekeria, beldurra, ahanztura, memoria eta bizikidetza.

Ariketa honetan, hiru pasarte aztertuko ditugu. Hiruretan ere biktimek aitorpen patologikoa jasotzen dute, hau da, aitorpen txarra egiten zaie, berehala ikusiko ditugun arrazoiengatik. Hiru pasarteak eleberriaren bigarren zatitik atera dira, eta modu kronologikoan aurkezten ditugu, ez liburuan idatzita agertzen diren hurrenkeran. Lehenengo pasarteak protagonistaren aitaren hilketa baino lehenagoko eszena bat deskribatzen du; bigarrenak Oihanak aitaren hilketa tragikoaren berri izan ondorengo etxerako itzulera kontatzen du; azkena ere hilketaren ondoren gertatzen da, eta Oihanak ustez kontrolpean duen bizitza aldatuko dion gertaera bat kontatzen du.

Eleberriaren izenburuak berak ere (*Herriak ez du barkatuko*), zeina idazleak idazten hasi zen unetik beretik izan zuen gogoan, merezi du patologiaren ikuspegitik interpretatzea. *Okerreko aitorpena* islatzen du; izan ere, kolektibo bati esleitzen zaio biktima izaera: kasu honetan, herri ustez biktimizatuari eta, hartara, pertsona zehatzen biktima izaera lausotzen da. Elkarrizketa batean idazleak esan zuenez: "Herria herria izan nahi duen pertsona oro da. [...] Arazoa sortzen da gizartearen zati batek herria bere jabetzan hartzen duenean, beste era batera pentsatzen, sentitzen, emozionatzen... dena baztertzeko" (Barcenilla, 2023).

Hau da, bidegabeko orokortze baten bidez, herriari egozten zaio biktima izaera, eta biktima (beste era batera pentsatzen, sentitzen, emozionatzen... den hori) biktimario bihurtzeko joera dago. Herriak ez duela barkatuko eta ez duela ahaztuko pentsatzeak iraganeko indarkeria justifikatzen du, eta orainean bizikidetza modu baketsuan eraikitzearen aurka dago. Gure gizartean finkatuta dauden uste eta aurreiritziak kontuan izanik, irakurlea harritu egin daiteke eleberria ETAren biktimak dituela ardatz ohartzean. Dena dela, Goikoetxeak beste sufrimendu bidegabe batzuk ere jorratzen ditu, hala nola Askapenerako Talde Antiterroristen biktimen seme-alabenak. Idazlearen hitzetan:

> Herri bat ezin da hazi gizatasunean, ez eta beste ezertan, baldin eta giza eskubideen edozein urraketaren aurrean aho batez erantzuten ez badu eta biktima bakoitzaren ondoan jartzen ez bada. Ezin dut hori ulertu. Uste dut hori dela egiteke duguna. Sinetsita nago irakurle guztiek enpatia izan dezaketela eleberriko pertsonaia guztiekin: Oihanarekin (ETAk aita hil zion), Jurgirekin (GALek aita hil zioten), Edurnerekin (basatiki torturatu zuten), Soroa doktorearekin... Oso ariketa interesgarria da fikzioa errealitatera eramatea (Barcenilla, 2023).

Lehen pasartea

SUSMOA BAINO EZ ZEN. Ez da sekula frogatu. Egiaren puzzle zatiak. Etxe atari berean bizi zen, eta egun batetik bestera desagertu egin zen. Ikasketetan ona. Kirolean ona. Lagunartean ona. Ligatzen ona. Eta polita gainera. Guapoa. Hori esaten zuten Oihanaren lagunek: "Eta gainera...". Oihanari ere hala iruditzen zitzaion, ederra zela.

Harrapatu egin zuen behin. Ez dio Oihanak sekula inori kontatu. Institutuko bere mahaian ari zen idazten. Txisto Oihanaren mahaiaren gainean. Ez zegoen beste inor gelan. Pasabidean aurrera egin zuen Oihanak. Txistok ez zuen bera ikusi. Eta sartu izan balitz? Eta begietara begiratu izan balio?

Tripetaraino iritsi? Baina ez zuen egin. Eta geroago irakurri zituen irakurri beharrekoak, Historiako azterketa egitera eseri zenean. "Zure aita kabroi bat da. Traidore bat. Herriak ez dio barkatuko". Mahai gainean. Tinta lodiz. Tinta gorriz. Dena txukun idatzia. Dena zuzen. Dena harro. Dena odol. Serio, harridura ikurrik gabe. Konbentzimenduz idatzia. Eta konbentzitzeko moduan. Institutuko azken ikasturtean zegoen Txisto, bi falta zitzaizkion Oihanari unibertsitaterako. Ihes egiteko. Zero atera zuen Historiako azterketa hartan. Zero. Handik bi urtera hil zuten Oihanaren aita, eta zurrumurrua zabaldu zen auzoan eta herrian. Txistok pasa zuela informazioa. Txistok eman zuela Oihanaren aitaren mugimenduen berri.

Oihanak badu irudi bat urtetan buruan izan eta uxatzea lortu ez duena. Ahaztuko zaion beldurrez eusten dio. Ahalegin bat da, aspaldian berariaz egiten ari dena. Ez daki oso ondo zertan laguntzen dion, batzuetan areagotu egiten baitio mina. Baina behar du. Begiak ixten dituenean, kolore bihurtzen zaio dena. Kolore eta irribarre. Txisto ageri da irudian barrezka, eta tirantedun kamiseta koloretsuarekin Oihanaren aita. Oihana bi gurpildun bizikletan orekari eusten ikasi nahian ari da etxe atariko jolasgune zabalean. Aitak korrika eta korrika egiten du Oihanaren ondoan, eta tarteka ahulkitxoaren ipurdiko muturretik heltzen dio, aupa eta aupa. Unai begira-begira dago, aspertuta eta inbidiz. Sei urte izango zituen uda hartan Txistok, Unai zuen izena artean. Saio luze baten ostean, bizikleta lurrean utzi eta korrika-korrika joan da Oihana otarteko bila. Oihu egiten dio etxeko balkoitik bigira duen amari: "Ama, ikusi duzu? Ikusi duzu?". Txokolate otartekoarekin bizikleta utzitako lekura itzuli denean, Unai ikusi du bizikleta gainean ahalegin betean. Oihanaren aitak sillinaren ipurdiko muturretik heltzen dio. "Aupa eta aupa" esaten dio, alabari esan dion indar berberarekin. Unaik bi eskuak gora altxatzeko imintzioa egin du "Txapeldun, txapeldun!" errepikatuz. Oreka galdu eta lurrera erori da. Segundo eta erdi isilik egin eta barrez lehertu da. Mutikoa barrez ikusita, lasaitu egin da Oihanaren aita eta barrez hasi da bera ere. Oihana urduritu

egin da hasieran. Bizikleta lurrera. Bizikleta berria. Bizikleta arrosa. Bizikleta polita. Barre egin du, hala ere, gero. Eta hozka egin die ogiari eta txokolateari. Eta eman egin dio azken pusketa Unairi. Orain bere txanda da eta eskuak libre behar ditu bizikletari heltzeko. Arratsalde osoa egin dute elkarrekin. Oihanak ikasi du azkenean aitaren laguntzarik gabe bizikletan ibiltzen. Unaik oraindik ez. Etxeratu aurretik, Oihanaren aitak kolpetxo bat eman dio bizkarrean Unairi. "Segi saiatzen" esan dio. "Lortuko duzu". Bizpahiru estutu eman dizkio. "Saihetsen festa!" egin du oihu Oihanak Unairen algaren gainetik. Saihetsen festa. Aitak gauero errepikatzen dio oherakoan. Etxerako bidean atzera begiratu du Oihanak une batez. Han geratu da Unai. Bakarrik. Harri bati kolpeka-kolpeka (56-58. or.).

Oihanari institutuan egokitu zitzaion gertakarian, aita oraindik bizi zela, biktimaren *aitorpen begirune gabea*ren adibide argi bat identifika daiteke. Oihanak Txisto harrapatu zuen, umetako laguna, mahaian aitari errua botatzen zion mezu bat idazten: "Zure aita kabroia da. Traidore bat. Herriak ez dio barkatuko". Oihanaren aitak mehatxuak eta larderia jasan zituen hilketaren aurretik, baina ez da biktimatzat hartzen, eragiten ari zaion sufrimendua *merezi* duela uste baitute. Mezu horien atzean dagoen planteamenduaren arabera, aitak egin behar ez zuen zerbait egin du, eta herriaren etsai bihurtu da. Horregatik, herriak ez dio barkatzen eta justifikatu egiten du bi urte geroago bizitza kenduko zion indarkeria. Indarkeriaren erabilera justifikatzen edo legitimatzen dutenak sinplifikatu edo deshumanizatu beharrean, idazleak ikasle on eta mutil eder moduan deskribatzen du Unai —geroago Txisto—. Bizitzaren ironiak, Oihanak gogoratzen du nola bere aitak irakatsi zion Unairi bizikletan ibiltzen sei urte besterik ez zituenean, eta nola, urte batzuk geroago, zurrumurrua zabaldu zen Txisto izan zela aitaren mugimenduen berri eman zuena. Pasarte horrek oso ondo azpimarratzen du pertsonaiaren aldaketa: haurtzaroan Oihanaren aita erreferentea zen berarentzat eta, gaztetan, arrazoi politikoak direla medio, gizatasunaz gabetu eta garbitu beharreko etsaitzat hartu

zuen. Ideologizazioak galarazi egiten dio Txistori Oihanaren aitarengan *gizakia* ikustea. Bestalde, pasarte horrek *okerreko aitorpena* ere islatzen du, hau da, biktimaren eta biktimarioaren kategoriak trukatzea; izan ere, Oihanaren aita biktimario gisa aurkezten da, eta herria biktimatzat hartzen.

Bigarren pasartea

[...] Oso gogorra izan zen itzulera. Puska bat urrunago sentitu zuen auzoa. Aitarik ez zen existitzen. Bizitza eta heriotza, aitari biak lapurtu zizkiotela sumatu zuen Oihanak. Odol arrastoaren bila aritu zen egunetan, baina txiklez beteriko espaloi zikinean ez zuen aitarena izan zitekeen ezer aurkitu. Txikleen memoria izango du etorkizunak. Eta inurriena. Edonora begiratuta ere, han egongo da inurri bat iragana ibiltzen. Lehen zenik ez bada, izango da ondorengo belaunaldiren bat. Hiru urteko bizi-itxaropena dute gure artean gehien ikusten ditugun gorri horiek, bi urtekoa inurri langileek. Zapalduta hilko dira, ordea, gehienak. Lehenago. Bake-bakean bizi zitezkeenean. Hamabost eta hogeita hamar urtez ere bizi daitezke espezie jakinetako erreginak. Babesean egon direnak. Erreginak. Asmatu dutenak "Hemen denbora zenbatu egiten dugu, eta ez kontatu, segi zuek borroka zelaira". Zer den aterpean egotea eta zer den plaza. Plaza: ageriko arriskua, zibilizazio basatiaren erdi-erdian. Ez da inurriekin bakarrik gertatzen. Erabiltzen diren txotxongiloak, bistaratzen direnak, lau hariren sostengu ezak mugiarazten dituenak, horiek puskatu egiten dira. Bitrinetan portzelana gordetzen da. Ia betiko. Erregina. "Hil zaitez zu, nik agindukko dizut hemendik nola". Eta harrigarria eta krudela badirudi ere, batzuk-asko-gehiegi joan egiten dira hiltzera, ez hala egin behar dutela uste dutelako, itzaleko ahotsak eguzkia agindu dielako baino. Gozoa da plaza. Euria hasten duen arte. Inurriak. Zapalduta hilko dira asko. Gehienak. "Aita lurrera ziplo erori zenean, azpian harrapatuko zituen asko. Zenbat heriotza!". Hori zerabilen Oihanak buruan aitaren odol arrastoa

egondako tokian inurri ilara bat ikusi zuenean: zenbat heriotza! Oso gogorra izan zen itzulera. Inork ez zion ongietorri keinurik eskaini. Ez on eta ez txar. Indiferentzia. Labirinto mutu bat (66-67. or.).

Oihanaren aitari bi gauzak lapurtu zizkioten: bizitza eta heriotza. Bizitza, ez bakarrik hil zutelako, baita urteetan jazarpen, larderia eta mehatxuen biktima ere izan zelako, eta horrek eskolta eramatera behartu zuelako eta autonomia eta askatasuna nabarmen murriztu zizkiolako; hau da, bizirik egon zen bitartean, ez zioten bizitzen utzi eta, hori nahikoa izan ez zenean, bizia kendu zioten. Baina heriotza ere lapurtu zioten, haren biktimazioa ahanzturara kondenatu baitzuten eta haren hutsunea eta hutsune horrek beraren ingurunean sortzen zuen mina ikusezin bihurtu baitzituzten. Espaloi zikinaren metafora, non Oihana herrira itzultzen denean ez dagoen aitaren odol arrastorik ere, hutsune horrek eta aitorpenik ezak sortzen duten sufrimenduaren erakusgarri argia da. Aztarnarik ez badago, ez da ezer gertatu. Etorkizunak txikleen eta inurrien memoria gordeko du, baina ez aitarena, haren arrastorik ere geratu ez baita. Biktimen esperientziak ahazteko eta ikusezin bihurtzeko mekanismo hori bat dator *aitorpen begirune gabea*ren patologiarekin.

Pasarteak Oihanak aita hil ondoren etxera itzultzean izan zuen harrera ere kontatzen du: "Indiferentzia. Labirinto mutu bat". Oihanaren ingurukoak ezker abertzalearen zaleak ziren eta, ondorioz, gertukoek, lagunek, ez zioten gertatutakoagatiko enpatiarik eta errukirik erakutsi. Hori ere *begirune gabea*ren patologiaren sintoma bat da: ideologikoki hurbilen ditugun pertsonen minean bakarrik lagun egitea. Pasarte horrek laguntzen digu ulertzen nola hainbat pertsonak etikoki justifikatu gabeko morala partekatzen zuten gizarte batean zeinean biktimarioen eta ezkutuan auzokideak hiltzeko agintzen zuten pertsonen ekintzak goraipatzen ziren, giroak herritar askoren konplizitatea, axolagabekeria edo isiltasuna bultzatzen zuen.

Hirugarren pasartea

AMARI KONTATZEN BADIO, Oihanak badaki amak zer esango dion. Esango dio joateko hitzordura, esango dio: "Hitz egin, hitz egin aitaz asko. Kontatu oso irribarre polita zuela, aita baten irribarrea zuela, ahoa gehiegi zabaltzen zuenean atzeko hagina falta zuela antzematen zitzaiola eta algara txikiak ateratzen zitzaizkiola behinola hortza egondako zulo hartatik. Kontatu argazkiarena, ia eguzkia irentsi zuenekoa. Bizitza asko maite zuela, esaiozu hori. Baietz, denok maite dugula bizitza, baina batzuek maitasuna diotela eta beste batzuek maitemina. Aitarena sua zela. Kontatu bizkartzainaren itzalak irentsi zuenean berriro bizitzen ikasi zuela. Semea galdu egin zuela pixka bat eta min horrekin bizi izan zituela azken hilabeteak. Baina, hala ere, esaiozu hala ere bizitzeko sekulako gogoa zuela. Eta asko maite gintuela. Oso humanoa zela. Eta nola litekeen [...]. Eten egin ziotela eta eten egin zigutela garaia [...]. Hitz egin aitaz asko, eta, batez ere, hitz egin zutaz. Konta iezaiozu bakardadearena. Nola esaten zenidan? 'Bakardade hau ezberdina da, ama'. Gogoratzen? Esaten zenidan 'Bakardade hau traidorea da oso, hizketan hasten da eta ez da isiltzen. Non da jendea?' galdetzen zenidan. Eta nik zerbait esango nizun, baina ez nizun erantzuten. To, bakardade gehiago zuretzat. Begira, Oihana, hori da nire mina, una jakin batzuetan zuretzat beste bakardade bat gehiago izan nintzela. Hori ere konta diezaiokezu. Nola esan duzu? Santi Bizkardi?".

Oihanak badaki amak horrelako zerbait esango diola deiarena kontatzen badio. Eta ez du nahi. Orain ez. Ez du erantzun argi eta ziurrik nahi, ez du ahots sendo eta erortzen ez den begirik nahi; orain zalantza behar du, aldi berean bai eta ez esango dion norbait, bainaka estropezu egingo duena, eta, batez ere, bere erabakitzeko ezintasunean babestuko duena. Bultzarik ez. Mesedez, bultzarik ez [...]. Oihanak badaki onena deiarena amari kontatzea litzatekeela, baino ez dio kontatuko. Zerbait gaizki egiten ari den sentipena izan nahi du. Behar du.

Oihana gutxitan ibiltzen da Kale Nagusian bakarrik. Katti jaio aurretik Jorgerekin ibiltzen zen ardotxo bat hemen eta garagardo bat han. Lau taberna daude Kale Nagusian eta haietako bitara sartzen ziren; Herrikora inoiz ez, eta Miguelen tabernara ere ez. Gaztetxoa zela behin edo beste sartu zen Herrikoan. Ia beti Saioak proposatzen zuen hara joatea eta hantxe izaten zuen kuadrillak larunbat gauetako lehen enkontrua. Taberna bat. Beste bat gehiago. Erdi bultzaka, dantzarako aukera eskaintzen zuena. Oihanak ez zuen hormetan itsatsita egoten ziren argazki, kartel eta pankartei begira egoteko ohiturarik. Aita mehatxuak jasotzen hasi zenean, ordea, joateari utzi zion. Beranduago ateratzen zen parrandara, edo ez zen ateratzen. Ez du gogoan kontzienteki Herrikora ez joateko erabakia zergatik hartu zuen. Gogoan ditu begirada batzuk, zain-zain egoten diren horietakoak, geldiegi itxaroten dutenak. Begirada haiengatik izango zen akaso. Aita hil ziotenean, Kale Nagusitik igarotzeari ere utzi egin zion. Ezin zuen ulertu, ezin zuen jasan, ezin zuen onartu hormetan zintzilik zeuden preso herritarren argazki erraldoien ondoan bere aitarenak ez egotea. Aita ere herritarra zen. Aita ere falta zen. Aitak ere behar zuen bere herrian. "Herriko hormak, nonbait, ez dira denonak" entzun zion behin amari" (42-44. or.).

Santiren deia —antropologoa da eta hainbat biktima elkarrizketatzen ari da— ezustean sartzen da Oihanaren bizitzan. Oso urduri jartzen da eta edalontzi bat erortzen zaio lurrera; ez daki deiagatik izan den edo berak bota duen. Hautsitako edalontziaren kristalen metaforak barruko min horri egiten dio erreferentzia: desagerrarazten saiatu arren, behar bezala landu ezean, behin eta berriz azaleratuko da: "Jasota ere, beti bat gehiago. Kristal zati bat gehiago. Zauri bat gehiago" (37. or.). Oihana hasten da pentsatzen zer esango ote liokeen amak deiaren berri emango balio. Feli, ama, sendotasunaren eta erresilientziaren eredu da: beti gogoratzen du senarra zena irribarre batekin, eta ez dio gorrotorik transmititu familiako inori.

Oihanak amarekin hitz egingo balu, amak gogoraraziko lioke nola hasi zen senarra eskolta eramaten ETAk seinalatu egin zuelako —gizatasuna kendu zion eta helburu bihurtu zuen—, eta ahaleginduko litzateke erakusten nolako atxikimendua zion bizitzari, zein eredugarria zen eta nolako erresilientzia zuen egoera oso zailetan. Tematu egiten da Oihanak Santiri hori guztia kontatu diezaion eta horrek iradokitzen digu amak senarraren biktima izaeraren aitorpen sozialik eza igarri eta sufritzen duela. Berriro ere, *aitorpen begirune gabea*ren patologiaren aurrean gaude, hau da, senarra ez da errugabetzat jotzen eta helburu bihurtzen dute, bizkarzainaren bidez agerian geratzen denez; ezin da bera ulertu doan lekura doala laguntzen dion beste figura hori gabe. Aurrerago, eleberrian, Martinek, Oihanaren nebak, argi azaltzen du nola baldintzatu zion bizitza pertsonala eta soziala bizkartzain batekin bizitzeak, hain gazte zela: "Etsai bihurtu gintuzten" (52. or.). Hori, berriz ere, *aitorpen okerra*ren patologiaren isla da, hots, biktima biktimario gisa aurkeztearena eta, horrela, biktima berriz biktimizatzearena.

Oihanaren amaren beste oroitzapen batek ETAren biktimek gizartearen aldetik jasan zuten bakardadea dakarkigu gogora: "Non da jendea?, galdetzen zenidan". Nobelak kontatzen du nola Oihana lagunik gabe geratu zen aitaren hilketaren ondoren. Herriko jendearen aldetik ere ez zuen elkartasun adierazpenik jaso. Guztiz kontrakoa, isiltasuna, hutsunea eta bakardadea. Gitarra irakasleak ere gehiago ez joateko eskatu zion. Azkenean, kanpora ikastera joatea erabaki zuen, ihes egitea bizirauteko, asiloa aurkitzeko. Berriz ere, *aitorpen begirune gabea*.

Hirugarren pasarte honek oso ondo kontatzen du nolakoa zen herriko giro soziala aita hil zutenean. Oihanak dioenez, aita mehatxuak jasotzen hasi zenean, berak Herrikon sartzeari utzi zion. Ondo gogoratzen ditu begirada deseroso luze haiek, lekuz kanpo sentiarazten zutenak. Horrek, beste behin ere, bi patologia islatzen ditu. Alde batetik, *aitorpen begirune gabea*; izan ere, herriko pertsona batzuek Oihana errudun sentiarazten zuten berea ez zen espazio batean bizitzeagatik eta seinalatzea eta beldurtzea merezi zuela uste zuten. Bestetik, *aitorpen okerra*; izan ere Herrikon

ibiltzen ziren pertsona batzuek biktima eta biktimagile kategoriak trukatzen zituzten: lehena erruduntzat hartzen zuten (Oihanaren aita herriaren etsaia zen eta, ondorioz, haren alaba ere bai) eta bigarrena errugabetzat (herria Oihanaren aitarengan gorpuztutako zapaltzailearen indarkeriaren biktima zen).

Geroago, gertaera tragikoaren ondoren, Oihanak Kale Nagusitik pasatzeari utzi zion, ezin zuelako jasan ETAko presoen irudiak espazio publikoan egotea eta aita, eraildako biktima, inon ez agertzea. "'Herriko hormak, nonbait, ez dira denonak' entzun zion behin amari". Hemen berriro identifikatzen dugu *okerreko aitorpena*ren patologia, biktima gisa aurkezten baita biktimagilea dena (ETAko preso militantea). Eta biktimagilea ere biktima izan daitekeen arren espetxean pairatutako giza eskubideen urraketaren baten ondorioz (tortura eta abusu polizialen kasuetan), publikoki biktima batzuen sufrimendua baino ez ikusteak agerian uzten du, beste behin ere, Oihanaren aitaren *aitorpen begirune gabea*.

Oihana, haren ama eta neba, ETAren indarkeriaren hiru biktimak nobela honetan, indarkeriak kaltetutako pertsonak izatetik haratago ikus ditzaten borrokatzen dira. Hori dela eta, atentatuaren osteko ekintzek eta erabakiek —ikastera kanpora joatekoa, adibidez— kendu zitzaien autonomia eta askatasuna berreskuratzea zuten helburu, *aitorpen murriztaileak* egiten zien kaltea saihestea, haien irudia pertsona kalteberaren eta erresilientziarik gabeko biktimaren estereotipora murrizten baitzuen. Oihanak ez zuen bere iraganaz hitz egin nahi, eta anonimotasunaren atzean babesten zen. Horregatik aztoratu zuen hainbeste Santiren deiak.

Analisi honek eleberriko pasarte batzuk aztertu ditu patologiek nola funtzionatzen duten erakusteko. Baina liburu osoa lantzera animatzen ditugu irakurleak. Hurrengo kapituluek zenbait biktimaren sufrimenduetan murgiltzeko eta haiekin enpatizatzeko aukera ematen dute. Goikoetxeak honela dio: "Mina mina da, nahiz eta malko bakoitzak ezberdin bustitzen gaituen" (49. or.). Hain zuzen ere, eleberri honen atzean dagoen ikuspegi etikoak sendo eskatzen du beste jatorri bateko indarkeriaren (polizia abusuen, estatu-terrorismoaren, etab.) biktimen giza eskubideen urraketak aitortzea, biktima guztiak benetan erreparatzeko bidea delakoan.

LOS PECES DE LA AMARGURA, FERNANDO ARAMBURU

Los peces de la amargura 2006an argitaratu zen eta terrorismoaren biktimei buruzko 10 kontakizun biltzen ditu. Idazleak, Fernando Aramburuk, *Patria* (2016) eleberri arrakastatsua ere idatzi zuen —"euskal gatazkaren eleberritzat" hartzen dena—. Hartan oinarrituta, gainera, eleberri grafiko bat eta telesail bat egin dira. Beste obra batzuetan, adibidez, *El vigilante del fiordo* (2011) lanean, Alemanian bizi den idazle donostiar honek indarkeria terrorista jorratzen duten 3 ipuin biltzen ditu: "Chavales con gorra", "Carne rota" eta liburuari izena ematen dion kontakizuna. Aramburuk indarkeriarekiko duen jarrera argia eta irmoa da:

> Euskal Herrian gertatu diren eta zuzenean eragiten didaten gertakari dramatikoz blai eginda nago. Besteen sufrimendua nire sufrimendua da, hori da nire jarrera pertsonala, morala eta literarioa. Ez naiz ikusle bakarrik sentitzen, errealitateak zipriztindu egiten nauela nabaritzen dut (Marín, 2006).

Arambururen hitzetan, aztergai dugun obra oso helburu argiekin sortu zen:

> ETAren ekintza kriminala sufritu zuten gizabanako jakinei ahotsa emateko [...] Nire helburua aurpegia kendu dieten pertsonei aurpegia itzultzea zen, eta haien bakardadea eta samina deskribatzea. Hau da, ez erreportaje bat egitea, ez datuak transmititzea, ez gai bati buruz iritzia ematea, baizik eta gizatasunera jaistea. [...] Zortziehun eta piku hildako horiek etengabe ari zaizkigu interpelatzen. [...] (Marín, 2006).

Laburbildurik, liburua hiltzaileen aurka, babesten dituztenen aurka, haien aitzakia ideologikoen aurka eta biktimen eta haien gizatasunaren alde dago idatzita.

Kontakizunen pluraltasunak aukera ematen du —hala dio Aramburuk— "terrorismoaren biktimak" izen generikoaren pean biltzen diren ahotsen, egoeren eta gertaeren aniztasun handia

biltzeko. Gainera, gertakari horien garaikide izan ginenok gertakari horiek zein modutan esperimentatu, sentitu eta bizi izan genituen —modu desberdinetan, indibidualizatuetan, espezifikoetan— ere islatzen du. Idazleak berak bere sentimenduak azaltzen ditu:

> Min ematen dit gizarte honetan botere eremuak basakeriaren bidez lortzen saiatzen den sektore bat egoteak; min ematen dit beste sektore batek basakeria hori gutxi edo asko babesteak, ulertzeak, bedeinkatzeak edo hitz epelekin gaitzesten duelakoa egiteak, eta min ematen dit beste jende bat egoteak, agian bizirauteko sentimenduak eraginda, beste aldera begiratzen duena, sua ikusten ez duena, odola ikusten ez duena, leherketak entzuten ez dituena (Marín, 2006).

Komeni da lan honen hiru ezaugarri esanguratsu nabarmentzea. Lehenik eta behin, estiloaren ikuspegitik, oso testu soila da, apala —"Ezin nion neure buruari apaingarririk onetsi besteen sufrimenduaren kontura" (Marín, 2006)—, eta errealismoa erabiltzen du biktimen tragedia erretratatzeko. Bestalde, ikuspegi emozionaletik, formaren eta edukiaren, plazer estetikoaren eta giza atsekabearen arteko konbinazio egokiak, sufrimendu bidegabea aurkezteko modu soilak liburu hunkigarri, gogor eta samurra egiten du aldi berean. Azkenik, aurretiazko dokumentazio lanak, biktimen lekukotzetara eta kasuetara eta haien inguruabarretara iritsi izanak fidagarri egiten ditu kontakizunak eta pertsonaiak, benetako istorioen irudi, eta zenbait kasutan erraz identifikatzen dira. Aramburuk dioenez, "idazlearen egitekoa da gizabanakoei presentzia historikoa ematea, izena jartzea eta euren eguneroko giroan kokatzea. Balizko irakurleek ezagutzen duten errealitatetik elikatzen diren ipuin batzuk idatzi ditut, eta horrek dokumentatzera behartu nau" (Marín, 2006).

Analisi honetarako bigarren kontakizuna hautatu dugu, "Madres" izenekoa (37-59. or.). Bertan, narratzaileak —ipuinaren amaieran protagonista bera dela argitzen da— bi amaren indarkeriarekin izandako esperientzia kontatzen du (hortik izenburua).

Bata, protagonista, Toñi da, alargun eta hiru seme-alabaren kargu geratzen dena, senarra —Gipuzkoako kostaldeko herri bateko udaltzaina— ETAk hiltzean. Bestea pertsonaia garrantzitsua da, Toñiren antagonista, baina ez dakigu haren izenik, soilik beltzez janzten dela (doluaren erakusgarri, Guardia Zibilak seme gaztea hil ziolako) eta protagonistari tratu krudel eta gupidagabea ematen diola.

Esan bezala, narrazio hauek benetako gertakarietan oinarrituta daude, baina fikziora egokituta. Kasu honetan, jatorri inspiratzailea biktimatzat aitortutako bi pertsonarengan dago argi eta garbi:

- Toñiren senarra Benigno García Díezengan inspiratuta dago. Galiziarra zen jaiotzez, eta udaltzaina zen Ondarroan. 1982ko urtarrilean hil zuten, lanetik irtetean, eta hainbat mehatxu jaso zituen aurretik. Atentatuaren ondoren, eta hilabete askoan herritarren larderia jasan ondoren, Mari Carmen Echevarria alargunak, bere sei seme-alabekin, herria eta Euskadi utzi zituen, eta Kataluniara joan zen. Horren lekukotza hainbat komunikabidetan agertu da, eta kontakizunaren elementu garrantzitsuekin bat datozen xehetasun ugari ditu.
- Hildako gaztea Koldo Arriola Arriolaren kasuan oinarrituta dago. Hemeretzi urte zituen eta Ondarroan hil zuten 1975eko maiatzean. Ikasturte amaierako afariaren ondoren, ikasle taldea, Koldo tartean, diskoteka batera zihoan eta Guardia Zibilaren kuartelaren aurretik igaro ziren kantuan. Orduan, hurbiltzeko agindu zioten gazteari, eta, barruan, suzko arma baten tiroa jaso zuen Benemeritako agenteetako baten eskutik.

Errealitateko elementu horiek guztiak, logikoa denez, idazleak modu askean fikzionatzen eta tratatzen ditu literarioki, eta horrela hartu behar dira, testuan paralelismoak ondorioztatzeko akatsean erori gabe, kasu errealetako inspirazio nabarmenetik harago.

Jorratu nahi dugun alderdi nagusia —biktimek jasotako aitorpena, bereziki adierazpen patologikoa— behin eta berriz agertzen da kontakizun labur honetan.

Larderiaren eta mehatxuen etengabeko bizipenak, atentatu hilgarriaren aurretik eta ondoren, *aitorpen begirune gabea* erakusten du gordin-gordin. Hona hemen patologia mota horren adibide batzuk:

- Amen arteko elkarrizketan, antagonistak Toñiren senarra, udaltzaina, izaki arbuiagarri eta iraingarri gisa identifikatzen du: "Esaiozu zure senarrari lanpostua uzteko eta alde egiteko. Bestela, hil-kapera prestatu beharko diozu eta ez dizut berriro esango. Jakinaren gainean zaudete, lotsagabeak [...] Zure senarra *espainiar mokordo bat* da. Gutxi iruditzen al zaizu?" (38. or.).
- Ondorioz, Toñiren familiak pairatzen duen estigmatizazioa hainbestekoa da ezen tabu ezaugarriak ere egozten zaizkio. Harekiko kontaktua negatiboa, kutsagarria, bekatuzkoa eta debekatua da: "Bat-batean, andrea konturatu zen zapata baten puntarekin oin-zatarra zapaltzen ari zela. Azkar bota zuen oina atzerantz. Toñiri horrek min handiagoa eman zion mehatxuak baino" (38. or.).
- Gaizki aplikatutako erruduntasuna edo, bestela, biktimaren errugabetasuna kontuan ez hartzea, halako moldez planteatzen da, non biktimak, jazarpena pairatzen duenak, frogatu behar duen bere errugabetasuna:

> Bost minutu izango ziren andreak alde egin zuela. Zorte pixka batekin oraindik ez zuen kale kantoira jiratuko. Hura ikusiz gero, Toñi korrika jaitsiko zen, bihotz-bihotzetik hitz egitera [...], eta zintzotasunez esango zion asko sentitzen zuela gertatutakoa, amaren mina ulertzen zuela, berak ere bai baitzituen seme-alabak, eta bat galduz gero, Jainkoak ez dezala halakorik nahi!, erotu egingo zatekeela. Azken hori, agian, hobe zen ez esatea, pentsatu zuen, baina bai senarrari ezin zitzaiola gertatutakoaren errua egotzi, zeren eta, nahiz eta

> senarrak bere ideiak eduki, beste batzuek dituzten bezala, trafikoan eta besteei laguntzen bakarrik aritzen baitzen, eta mesedez egun batean haiekin kafea hartzera etor zedila, edo bazkaltzera, edo dena delakora, jende zintzoa zirela egiazta zezan, euli bat ere hiltzeko ez zirela gauza (41. or.).

Eta gorengo mailara iristen da mehatxuak eta tratu bidegabea ustezko jokabide errudunean parte hartzeko inongo aukerarik ez duenari zuzentzen zaizkionean, hau da, senar-emazteen seme-alabei: "neska izututa iritsi zen ikastetxetik, mutil batzuek egin ziotena azaldu ezinik; berak ez zituen ezagutzen eta, beste batzuetan ere atera omen zitzaizkion bidera beldurra emateko" (57. or.).

Beste egoera batean, ekintzek, alde batetik, edo hitzek, bestetik, *okerreko aitorpena* egiten dute:

- Biktima biktimario bihurtzen dute. Eta horrela, beldurtuta eta herrikideen mehatxupean bizi den pertsona herriaren "zapaltzailetzat" hartzen da (51. or.), edo legezko lan betebeharrak betetzea ustezko eskubideak urratzen dituen ekintza bihurtzen da, baita lankideen begietara ere: biktimak ikurrina udaletxetik kendu zuenean, "gazteek plazatik txistualdi ederra egin zioten. Denetik deitu zioten. Baten batek sagar baten tamainako harri bat bota zion [...] beste udaltzain batek gelditu zuen [...], ondo iraindu zuen" (44. or.). Une honetan, aipa dezagun patologiek lotura esanguratsuak izan ditzaketela beren artean, eta dinamikoak eta aldakorrak izan daitezkeela, ikuspegiaren arabera. Horrela, kasu honetan, gaizkileen eta biktimen paperak oker trukatzen dituztenen ikuspuntutik, *aitorpen okerra* da. Hala ere, gertaera horien lekuko askoren ikuspegitik, tratu txar hori —irainak, erasoak...— eta bidegabekeria nabarmena automatikoki legitimatzen dira, bidezko eta merezitako zigor moduan interpretatzen direlako. Orduan, *aitorpen begirune gabe* baten aurrean gaude: udaltzaina ez da biktima.

- *Aitorpen begirune gabeak* egiten duen paper trukearen gorengo maila gisa –inor ez dago halakoak egitetik libre, jarraian ikusiko dugun bezala–, bi adibide zehatz agertzen dira kontakizunean. Alde batetik, doluaren trantzean Toñiri laguntza profesionala ematen dion psikologoak erruduntasun sentimenduak sortzen dizkio biktimari, seme-alaben beharrei behar bezala ez erantzuteagatik, eta, hala, "Azkenean, kontzientziaren harrak erraiak jatea baino ez zuen lortu" (55. or.). Bestetik, seme-alabetako batek bere gaitzen eragilea izatea leporatzen dio, eta horrela, giroa itolarria bihurtzen denean, eta Toñik, seme-alaben borondatearen aurka, familiak herritik alde egitea erabakitzen duenean, mutilak azkenean honela aurpegiratzen dio: "Zuk ez nauzu maite hemengoa naizelako" (54. or.). Biktimak ere, beren arteko harremanetan, ez dira libratzen aitorpen patologia batean jaustetik.
- Izate ideal bat identifikatzen da biktimatzat, kolektibo bat, benetan existitzen ez dena baina, edonola ere, pertsona zehatza baino moralki handiagoa dena, eta sufrimenduaren kalifikazioan (in)justiziaren irizpidea aintzat hartu gabe: "Zuri iruditzen zaizu zapaltzaile baten sufrimenduak herri oso baten sufrimenduak adina balio duela?" (51. or.). Mekanismo horren gizatasunik eza hilketaren ondorengo uneetara ere iristen da, eta, adibidez, hiletan dagoen dolumin liburuan, elkartasun mezu urrien artean, esaldi gaiztoak ere badira –"Euskal Herriaren etsai bat gutxiago, izorra dadila" (48. or.)– edo antagonistak oraindik ere jarraitzen du Toñiri gauzak aurpegiratzen –"Zure modukook Euskal Herria zanpatzen duzue" (50. or.)– eta bere semearen heriotzaren erantzule sentiarazten (51. or.).

Nola bihur daiteke zapaltzaile eta hiltzaile, herrikideen mehatxu eta larderiazko urteak jasan dituena eta bere senarraren hilketa –bere bizitza eta familiarena suntsitu duena– pairatu duena? Horretarako, biktimaren aitorpen patologikoa egon behar da tartean. Eta biktima aitortzeko modu desegoki hori egitetik inor ez

dago libre, ezta biktimak eurak ere. Hala, hizpide dugun kontakizunean, ez dirudi protagonistak interes berezirik duenik bere antagonistaren, beste amaren, semea biktima gisa identifikatzeko edo ez identifikatzeko. Ez dirudi garrantzitsua denik gaztea istripuz hil zen ala hil egin zuten, berak sortu zuen liskarra ala handik igaro zen besterik gabe, gertatutakoaren egia txosten ofizialean dagoen ala bizilagunen komentarioetan dagoen:

> Azken asteburuan herriko bakea hautsi zuen gertakariari bueltaka ari zen orain. Zuzenago litzateke istripu tragikoa esatea, batzuek nahi zuten bezala, ala krimena, beste batzuek nahi zuten bezala? Bakoitzak bere kontzientziaren arabera aukera dezala. Hitzek ez dute hildakoa hilobitik aterako. [...] Politikari batzuen adierazpen publikoek sor eta lor utzi zuten. Irratian hitz egin zuen batek esan zuen ez zuela mendekua justifikatzen, baina ulertuko zuela gertatuz gero. Arratsalde horretan bertan, ministerioko bozeramaile batek iradoki zuen hildakoak bere zigorra bilatu zuela. Toñiren auzoan (egia esan, herri osoan) susmoen zurrumurruak zebiltzan, inoiz frogatu ezin izan baziren ere. Inork ez zuen ukatzen gaztea lagunekin egindako festa batetik zetorrela ordu txikitan. Koadrila elizaren atzeko plazatxoan sakabanatu zen. Bakoitzak bere etxerantz egin zuen, eta berak ere bai. Horraino lekukotza guztiak datoz bat. Baina, gazteak kale hutsetan barrena bakarrik aldendu zenetik harik eta bihotza bala batek lehertuta hilda agertu zen arte misterio itzela dago. Edanda ote zihoan. Inguruko bizilagun batek ziurtatu zuen tiroa baino lehen mutil bat abesten entzun zuela ohetik. Mutila kuartelilloko hormaren kontra gelditu omen zen pixa egiten, eta oihuka hasi omen zen, baina hori ez da inoiz argituko. Guardia zibil bat atera omen zen errieta egitera. Deklarazioan, guardiak esan zuen gaztea irainka hasi zitzaiola eta, bat-batean, gainera bota zitzaiola. Agian bai, agian ez. Kontua da borroka bat sortu zela. Borrokan, arauzko arma disparatu omen zitzaion guardia zibilari. Hori dio bertsio ofizialak (39-40. or.).

Toñik aurreko paragrafoan erakusten duen distantzia, asepsia edo interes faltaren tonu hori bera agertzen da printzipioz problematikarekin zerikusirik ez duten beste biktima batzuei buruz

mintzatzen denean. Honela kontatzen du, adibidez, zer jazo zen antagonistaren semearen heriotza salatzeko sortu ziren istiluen ondorioz: "Istiluarekin zerikusirik ez zuen neska frantziar bat balaz zauritu zuten sabelean. Uste dut ez zela hil [...] eta kaian arrain kamioi bati su eman zioten, haizetakoan Espainiako bandera zuen pegatina bat omen zeukalako" (40. or.).

Bestalde, badirudi biktimak ere, kasu honetan Toñiren senarrak, *aitorpen murriztailea* egiten duela, asmo onekoa izan arren, mehatxuak egiten dituen antagonista errugabetzen edo ulertzen saiatzen denean, bere semearen heriotza tragikoak traumatizatutako biktima moduan, *shock* egoeran bakarrik ikusten duelako: "Senarrak gaseosadun ardo zurrutada bat hartu zuen emakume hura burutik ezin zela ondo ibili esan aurretik [...] Semearena gertatu ondoren, mania hartuko zien uniformeei" (43. or.).

Azkenik, kontakizunaren beste alderdi batzuk aztertzen baditugu, aitorpen patologiekin zuzenean lotuta ez daudenak, baina, hala ere, biktimen aldeko gure sentsibilitate morala aktibatzeko balio dutenak, kontuan hartu beharreko hainbat elementu esanguratsu azpimarra ditzakegu. Aipa ditzagun labur-labur.

Lehenik eta behin, muga duala argia den arren (protagonista, ETAren biktima/antagonista, terrorismoaren jarraitzailea), testuak berak modu inplizituan arbuiatzen du sinplifikazio manikeoa, hainbat modutan arbuiatu ere: aukera ematen du antagonista eta haren semea biktimatzat hartzeko, kasu honetan polizien abusuzko jarduketa baten biktimatzat; bi pertsonaien sufrimendua eta mina berdin balioesten ditu, eta Toñi bere antagonistaren mehatxuak erlatibizatzeko gai da semeak bizia galdu duela jakiten duenean: "Korrika jaitsiko zen, bihotz-bihotzetik hitz egitera [...], eta zintzotasunez esango zion asko sentitzen zuela gertatutakoa, amaren mina ulertzen zuela" (41. or.); kontaketa ixtean, narratzailea nor den argitzen da —Toñi bera— eta bere antagonistaren jarrera interpretatzen du: uste osoa du berak ere alargunak herritik alde egiten duen unean, bidegabeki jasandako mina aitortzen diola: "aurpegian ez zuen beste aldi batzuetako gogortasunik; aitzitik, imintzio itzali eta

malenkoniatsu moduko bat, benetan diotsuet. Halako batean, eskuarekin agur egiten die, eta Toñik iseka egiten ari ote zitzaien pentsatu zuen, baina ez " (58-59. or.).

Bigarrenik, nahiz eta kontakizunak larderia kolektiboko prozedura bat argi eta garbi jasotzen duen, ez du agertzen herri txarra/biktima ona dualismorik. Auzotarren artean, Toñik babesa aurkitzen du, eskasa baina baliotsua: auzotar baten aldetik, hasieran (solidaritatea praktikatzeagatik mehatxatzen duten arte) eta ondoren ilobaren aldetik; hiletetan giza hurbiltasuna erakusten dieten eta etxe aldaketa errazteko baliabide pertsonal eta ekonomikoak eskaintzen dizkioten hainbat bizilagunen aldetik... Hala ere, egia da bestelako herri baten deskribapena dela nagusi: beldurraren eta presio bortitzaren mende dagoen herri batena, bidegabekeriaren gaitzespena publikoki adieraztera ausartzen ez den edo biktima gutxietsita bidegabekeriaren mende jartzen den herri batena, edo, besterik gabe, biktimarekiko elkartasuna nola adierazi ez dakien herri batena. Xehetasun horiek hurbiltasun kontzeptuala dute Primo Levik (2000) "eremu grisa" izendatu zuenarekin: inguruko bizilagunen edo biktimen portaera etikoki eztabaidagarri horiek, gaizkileek eragindakoak eta zeinen bidez gaizkileen laguntzaile ez-boluntario bihurtzen diren, haiekin nahastu gabe.

Azkenik, eta aurreko bi oharretan adierazitakoagatik hain zuzen ere, ez dugu uste kontakizunari egin zaizkion kritika batzuk guztiz doiak direnik: "Aramburuk aurrez aurre dauden bi biktima aurkezten ditu. Ezin dira adiskidetu, haietako bat bere gaiztakerian enkistatuta dagoelako [...] erraz gaitzets daitekeen kategoria baten barruan kokatzen du eta, beraz, ez du autokritikarako biderik ematen" (Portela, 2016: 187). Ukaezina da egileak argi eta garbi adierazi nahi diela elkartasuna eta errekonozimendua ETAren terrorismoaren biktimei, eta protagonistatzat hartzen dituela, baina ez du ezartzen, ez kontakizun honetan behintzat, biktima izaeraz jabetzeko lehiarik. Antagonista ere biktimatzat hartzea testuan irekita geratzen den aukera bat da (hain zuzen ere, Toñiren hausnarketaren bidez, ikusi dugunez), gainera protagonistarekiko duen portaera orokor onartezinari kontrajarri gabe —horrela

biktimario bihurtzen den biktima baten figura kezkagarriarekin topo egingo genuke—, are gehiago, aldaketa positiboren bat sumatzen zaio azkenean. Gainera, testuan etengabe agertzen diren egoera anbiguo horiek —gaztearen heriotzaren interpretazioa, portaera publikoaren eta pribatuaren arteko aldea, auzokoen portaera txarra, ez borondatezkoa baizik eta itxuraz garaiezina den beldur baten ondoriozkoa...— ahalbidetzen dute, argi eta garbi, testua irakurtzen duenaren jarrera autokritiko desiragarria.

Atseginez gonbidatzen dugu irakurlea Fernando Arambururen lan honetako beste kontakizunetan aitorpen patologiak aztertzeko ariketa honekin jarraitzera. Jarraian, ariketa berdina egiteko erabil daitezkeen beste eleberri batzuen zerrenda jasoko dugu.

EUSKAL GATAZKARI BURUZKO ELEBERRIEN ZERRENDA[1]

AGIRRE, Katixa (2015): *Atertu arte itxaron* [*Espera a que escampe*], Donostia, Elkar.
APAOLAZA, Uxue (2002): *Mea culpa* [*Mea Culpa*], Donostia, Elkar.
ARAMBURU, Fernando (2016): *Patria*, Bartzelona, Tusquets.
ATXAGA, Bernardo (1993): *Gizona bere bakardadean* [*El hombre solo*], Iruña, Pamiela.
— (1995): *Zeru horiek* [*Esos cielos*], Donostia, Erein.
CANO, Harkaitz (2011): *Twist* [*Twist*], Zarautz, Susa.
DE LA CRUZ, Aixa (2017): *La línea del frente*, Bartzelona, Salto de Página.
EPALTZA, Aingeru (1991): *Ur uherrak* [*Agua turbia*], Iruña, Pamiela.
ETXENIKE, Luisa (2008): *El ángulo ciego*, Bartzelona, Bruguera.
GARCÍA ORTEGA, Adolfo (2019): *Una tumba en el aire*, Bartzelona, Galaxia Gutenberg.
GUERRA GARRIDO, Raúl (1977): *La lectura insólita de "El Capital"*, Bartzelona, Destino.
HERNÁNDEZ ABAITUA, Mikel (1991): *Etorriko haiz nirekin?* [*¿Vendrás conmigo?*], Donostia, Elkar.
LERTXUNDI, Anjel (2002): *Zorion perfektua* [*La felicidad perfecta*], Irun, Alberdania.
MARTÍNEZ, Iñaki (2013): *Arresti*, Donostia, Hiria.
MUÑOZ, Jokin (2022): *Sin tocar el suelo*, Bartzelona, Galaxia Gutenberg.
PORTELL, Verónica (2006): *Y sin embargo, te entiendo*, Donostia, Hiria.
SAIZARBITORIA, Ramón (1976): *Ehun metro* [*Cien metros*], Donostia, Kriselu.
URRETABIZKAIA, Arantza (1998): *Koaderno gorria* [*El cuaderno rojo*], Donostia, Erein.
YBARRA, Gabriela (2015): *El comensal*, Bartzelona, Caballo de Troya.
ZALDUA, Iban (2018): *Como si todo hubiera pasado*, Bartzelona, Galaxia Gutenberg.
ZUBIZARRETA, Patxi (2008): *Pikolo [Pikolo]*, Irun, Alberdania.

1. Erreferentziak lanaren jatorrizko hizkuntzan jarri dira eta parentesi artean izenburuaren itzulpena.

EUSKAL GATAZKARI BURUZKO ELEBERRI GRAFIKOEN ZERRENDA

CAVA, Felipe Hernández eta SEGUÍ, Bartolomé (2014): *Las oscuras manos del olvido*, Bartzelona, Norma Editorial.

DE ESPAÑA, Ramón (2012): *La ola perfecta*, Bartzelona, Glenat España.

DE ISUSI, Javier (2014): *He visto ballenas*, Bilbo, Astiberri Ediciones.

ZENBAIT EGILE (2016): *Tirabirak. Tiras que afloja. El conflicto vasco en las viñetas*, Euskal Herriko Unibertsitatea.

FEJZULA, Toni (2020): *Patria*, Bartzelona, Planeta Cómic.

ZAPICO, Alfonso (2018): *Los puentes de Moscú*, Bilbo, Astiberri Ediciones.

BIBLIOGRAFIA

Aramburu, Fernando (2006): *Los peces de la amargura*, Bartzelona, Tusquets.

— (2016): *Patria*, Bartzelona, Tusquets.

Aristóteles (1985): *Ética Nicomáquea. Ética Eudemia*, Madril, Gredos.

Barcenilla, Luis Miguel (2023): "Es imprescindible trabajar por una cultura que deslegitime la violencia", *El Salto*, 30 de noviembre.

Bilbao, Galo (2005): "El reconocimiento social de las víctimas", *Bake hitzak*, 60, pp. 13-18.

Bilbao, Galo eta Etxeberria, Xabier (2005): *La presencia de las víctimas del terrorismo en la educación para la paz en el País Vasco*, Bilbao, Bakeaz.

Bilbao, Galo eta Sáez de la Fuente, Izaskun (2023): *Memoria de las víctimas. ¿Víctimas de la memoria?*, Madril, Los Libros de la Catarata-Deusto.

Bilbeny, Norbert (1993): *El idiota moral. La banalidad del mal en el siglo XX*, Barcelona, Anagrama.

Bruner, Jerome (1996): *The culture of education*, Cambridge, MA, Harvard University Press.

Camps, Victoria (2011): *El gobierno de las emociones*, Bartzelona, Herder.

— (2016): *Elogio de la duda*, Bartzelona, Arpa Editores.

Etxeberria, Xabier (2012): "Ética del reconocimiento y víctimas del terrorismo", *Isegoría*, 46.

— (2014): "Ezagutzatik oroimenera, aitorpenetik igarota", in zenbait egile, *Justizia, egia, erreparazioa biktimen eskubideetatik gizartearen* zereginetara, Vitoria-Gasteiz, Eusko Jaurlaritza.

Gantxegi, Irene (2017): *Hacia un reconocimiento de las víctimas de la violencia de intencionalidad política mediante la lectura de la narrativa literaria vasca*, Bilbao, Deustuko Unibertsitatea [argitaratu gabeko doktorego tesia].

Giglioli, Daniele (2017): *Crítica de la víctima*, Bartzelona, Herder.

Goikoetxea, Irati (2021): *Herriak ez du barkatuko*, Donostia, Elkar.

— (2023): *El pueblo no perdonará*, Irun, Alberdania.

Hernández Abaitua, Mikel (1991): *Etorriko haiz nirekin?*, Donostia, Elkar.

Kertész, Imre (2001): *Sin destino*, Bartzelona, Acantilado.

Lasagabaster, Jesus Maria (1990): *Contemporary Basque Fiction. An anthology*, Nevada, University of Nevada Press.

Lertxundi, Anjel (2002): *Zorion perfektua*, Irun, Alberdania.

Levi, Primo (2000): *Los hundidos y los salvados*, Bartzelona, Muchnick.

Marín, Maribel (2006): "El sufrimiento ajeno es mi sufrimiento, esa es mi postura personal y literaria", *El País*, 18 de noviembre.

MARTÍNEZ CONTRERAS, Francisco Javier (2002): "Arte y Paideia. El arte como experiencia humanizadora", *Letras de Deusto*, 32(95), pp. 31-43.

MÈLICH, Joan-Carles (2010): *Ética de la compasión*, Bartzelona, Herder.

— (2011): "Disonancias (Sobre ética y literatura)", *Ars Brevis*, 17, pp. 97-115.

MUÑOZ, Jokin (2003): *Bizia lo*, Irun, Alberdania.

NUSSBAUM, Martha Craven (2012): *El cultivo de la humanidad. Una defensa clásica de la reforma en la educación liberal*, Bartzelona, Paidós.

OLAZIREGI, Mari Jose (2017): "Literatura vasca y conflicto político", *Diablotexto Digital*, 2, pp. 6-29, doi: 10.7203/diablotexto.2.10144.

PORTELA, Edurne (2016): *El eco de los disparos. Cultura y memoria de la violencia*, Bartzelona, Galaxia Gutenberg.

PORTELL, Verónica (2006): *Y sin embargo, te entiendo*, Donostia, Hiria.

RICOEUR, Paul (2009): *Tiempo y Narración III: El Tiempo Narrado*, Mexiko, Siglo XXI.

ZALDUA, Iban (2012): *Ese idioma raro y poderoso. Once decisiones cruciales que un escritor vasco está obligado a tomar*, Madril, Lengua de Trapo.